网店美工

张格格 余 滔 李 娜 主 编

裘 路 芦丹丹 王凌雪 王 芳 刘 欢 副主编

電子工業出版社
Publishing House of Electronics Industry
北京 · BEIJING

内容简介

本书共8个项目，分别对鞋包类商品、护肤类商品、数码类商品、户外运动类商品、厨卫类商品、食品类商品、女装类商品进行讲解，并介绍了淘宝视频制作与剪辑的方法。

本书旨在让学生了解网店美工制图和设计技能，掌握图片后期处理等技能，并在此基础上，掌握对不同类型商品海报、主图、详情页的设计与制作方法。学生学习时，可以结合书中给出的样例、相关知识、同步实训及巩固与提高进行思考和分析，在掌握网店美工必备理论知识、基本流程、相关技能的同时，获得相应的学习能力、设计美化能力。

图书在版编目（CIP）数据

网店美工 / 张格格，余滔，李娜主编. —北京：电子工业出版社，2021.7

ISBN 978-7-121-41741-2

Ⅰ. ①网… Ⅱ. ①张… ②余… ③李… Ⅲ. ①网店—设计 Ⅳ. ①F713.361.2

中国版本图书馆CIP数据核字（2021）第164132号

责任编辑：康　静

印　　刷：北京缤索印刷有限公司

装　　订：北京缤索印刷有限公司

出版发行：电子工业出版社

北京市海淀区万寿路173信箱　邮编100036

开　　本：787×1092　1/16　　印张：12　字数：307.2 千字

版　　次：2021年 7 月第1版

印　　次：2022年 1 月第2次印刷

定　　价：49.80元

凡所购买电子工业出版社图书有缺损问题，请向购买书店调换。若书店售缺，请与本社发行部联系，联系及邮购电话：（010）88254888，88258888。

质量投诉请发邮件至 zlts@phei.com.cn，盗版侵权举报请发邮件至 dbqq@phei.com.cn。

本书咨询联系方式：（010）88254609，hzh@phei.com.cn。

前言

近年来，从对服务业的改造再到传统制造业的升级，从发达城市的电商普及下沉到各地县域的电商开发，电子商务的应用不断深入。然而，电商人才问题仍然是各地区、各行业面临的重大瓶颈，如何打造一批能适应新技术和新模式快速涌现的实操型人才，是电商龙头企业和相关高等院校的共同课题。据不完全统计，我国各类电子商务人才缺口达数百万之多。

本书从人才培养实用性出发，从淘宝美工角度阐述专业课程内容。全书通过8个项目从不同产品类型维度进行编写，使读者能深入了解网店美工知识，学会对不同类目图片进行后期处理，针对不同类目进行海报、主图、详情页的设计，从而呈现出更好的图片效果，为店铺引流做铺垫。

总的来说，本书具有以下编写特色：

• 从基础起步，循序渐进。以美工初学者为对象，内容涵盖网店美工涉及图片的各个方面，深入浅出，简单易学。

• 内容丰富，专业指导。掌握商品后期处理与构图设计。

• 举一反三，轻松掌握。深入剖析网店美工需具备的专业技能，使读者不仅能轻松掌握具体的操作方法，还可以做到举一反三，融会贯通。

• 资深经验，倾囊相授。书中所讲的技巧与方法都来自于资深网店美工从业者，能够帮助读者切实提高专业技能。

• 全程图解，流程细致。为方便和加深读者对知识与技能操作的理解，本书全程图解剖析，流程细致。

就用途来说，本书可作为高校网店美工的基础教材，也可作为社会网店美工已从业或预从业者的学习材料。此外，对于网店经营者和其他从事图形图片处理与设计实践工作的读者也具有重要的参考价值。

由于编者水平有限，书中难免存在疏漏与不妥之处，望广大读者给予指正。

编　者

2021年6月

目录

contents

项目一　鞋包类商品 / 1

任务一　皮鞋类商品的图片后期处理技巧 / 2

任务二　皮鞋类商品淘宝主图的制作 / 8

任务三　皮鞋类商品淘宝海报的制作 / 12

任务四　皮鞋类商品淘宝详情页的制作 / 17

任务五　箱包类商品的图片后期处理技巧 / 25

任务六　拉杆箱类商品淘宝主图的制作 / 29

任务七　拉杆箱类商品淘宝海报的制作 / 31

任务八　拉杆箱类商品淘宝详情页的制作 / 34

【同步实训】 / 43

【巩固与提高】 / 44

项目二　护肤类商品 / 45

任务一　护肤类商品的图片后期处理技巧 / 46

任务二　护肤类商品淘宝主图的制作 / 52

任务三　护肤类商品淘宝海报的制作 / 59

任务四　护肤类商品淘宝详情页的制作 / 63

【同步实训】 / 69

【巩固与提高】 / 70

项目三　数码类商品 / 71

任务一　手机类商品的图片后期处理技巧 / 72

任务二　手机类商品淘宝海报、主图、详情页的设计 / 74

【同步实训】 / 89

【巩固与提高】 / 89

项目四 户外运动类商品 / 91
任务一 户外服装类商品的精修处理技巧 / 93
任务二 户外服装类商品主图的制作 / 95
任务三 户外服装类商品主图的设计及制作 / 96
任务四 户外服装类商品海报的制作 / 98
任务五 户外服装的活动类海报设计及制作 / 99
任务六 户外服装类商品详情页的制作 / 101
任务七 户外服装类商品详情页的制作 / 102
【同步实训】 / 104
【巩固与提高】 / 105

项目五 厨卫类商品 / 106
任务一 餐具类商品的精修过程 / 107
任务二 餐具类商品主图的制作 / 109
任务三 餐具主图的设计及 / 110
任务四 餐具海报的设计及制作 / 111
任务五 餐具详情页设计 / 113
任务六 餐具详情页的设计及制作 / 114
【同步实训】 / 117
【巩固与提高】 / 118

项目六 食品类商品 / 119
任务一 饮料类商品的图片后期处理技巧 / 120
任务二 饮料类商品主图的设计与制作 / 122
任务三 饮料类商品海报的设计与制作 / 124
任务四 饮料类商品详情页的设计与制作 / 127
任务五 坚果类商品的图片后期处理 / 133
任务六 坚果类商品主图的设计与制作 / 134
任务七 零食坚果类商品海报的设计与制作 / 136
任务八 零食坚果类商品详情页的设计与制作 / 138
【同步实训】 / 142
【巩固与提高】 / 143

项目七 女装类商品 / 144
任务一 女装类商品与模特的选择 / 145
任务二 女装类商品的图片后期处理 / 146

任务三 女装类商品主图的设计与制作 / 147
任务四 女装类商品海报的设计与制作 / 149
任务五 女装类商品详情页的设计与制作 / 154
【同步实训】 / 158
【巩固与提高】 / 159

项目八 视频剪辑制作 / 160
任务一 淘宝视频认知 / 161
任务二 淘宝视频的制作 / 168
任务三 全景主图制作 / 175
【同步实训】 / 179
【巩固与提高】 / 180

参考文献 / 181

项目一

鞋包类商品

【学习目标】

知识目标：

（1）掌握皮鞋类商品、拉杆箱类商品的后期处理步骤及方法。

（2）掌握皮鞋类商品、拉杆箱类商品的图片设计制作方法。

（3）熟悉商品主图的主要构成元素。

（4）熟悉商品海报的设计思路及具体要素。

（5）熟悉商品详情页的基本布局。

（6）熟悉淘宝神笔工具的作用、界面和使用方法。

能力目标：

（1）能够针对皮鞋类商品、拉杆箱类商品进行后期处理。

（2）能够熟练设计和制作皮鞋类商品、拉杆箱类商品的海报、主图和详情页。

（3）能够熟练使用淘宝神笔编辑宝贝详情页。

随着互联网覆盖面的扩大、移动技术的发展，人们的消费习惯开始因网购而改变。鞋包类商品作为与服装品类关联度最高的商品，紧随其后排名第二。

为了吸引消费者的眼球，更好地向消费者展示鞋包类商品，商品拍摄和美化就显得尤为重要。本项目以冬季皮鞋、PC 材料拉杆箱类商品为代表，介绍鞋包类商品的图片后期处理技巧及商品海报、主图、详情页的设计要素、制作过程等。

任务一 皮鞋类商品的图片后期处理技巧

1. 图片尺寸修改

网店图片有一定的尺寸规格，在商品图片后期处理过程中需要对图片的尺寸进行修改。

首先需要查看图片的大小。在 Photoshop（有时简写为 PS）中打开要修改的图片，单击“图像”→“图像大小”查看当前图片的大小，如图 1-1 所示。

如果图片宽高比不变，可以直接输入想改的数值。注意勾选“约束比例”，否则图片会变形。改变宽度值时，会发现高度值也随之改变，像素大小也随之发生变化，如图 1-2 所示。

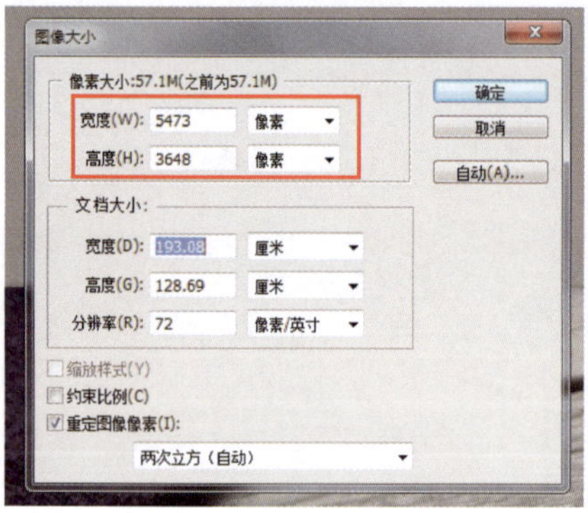

图 1-1 图像大小

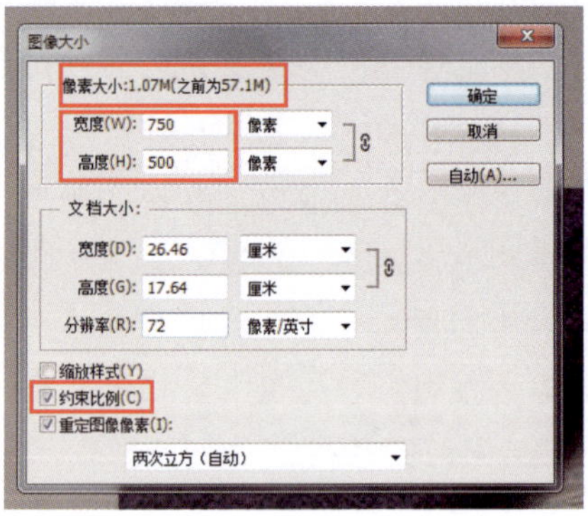

图 1-2 修改图像尺寸

也可以通过裁剪工具修改图片的尺寸。选择裁切工具后，会看到属性栏上有宽度、高度值，如图 1-3 所示。设置具体数值，确认后保存图片即可。

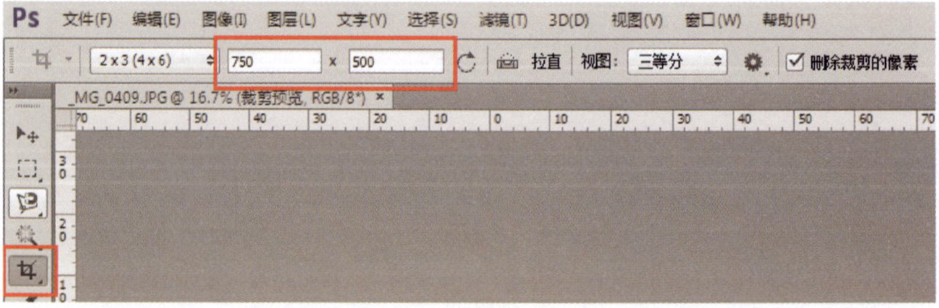

图 1-3 裁剪工具

2. 图片存储大小修改

通常使用单反相机或者像素高的手机拍照，拍出来的相片会很精美，但是同时相片也比较大。上传图片到网店时，图片太大上传速度会很慢，这时候就需要尽量在不损坏图片质量的情况下修改图片的大小，如图 1-4 所示。

在这里以一个大小为 2.51MB 的图片修改为例进行演示，具体步骤做介绍如下。

步骤 1：打开 Photoshop，在软件中打开要修改的图片。

步骤 2：单击“文件”列表下的“存储为 Web 所用格式”，如图 1-5 所示，或者按快捷键 Ctrl+Shift+Alt+S，出现“存储为 Web 所用格式”对话框，如图 1-6 所示。

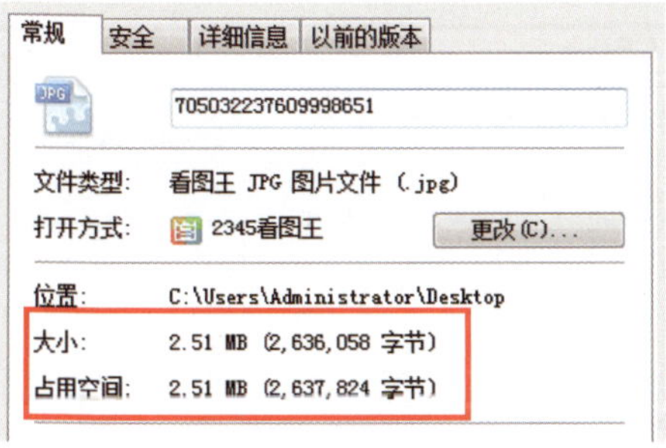

图 1-4　图片大小

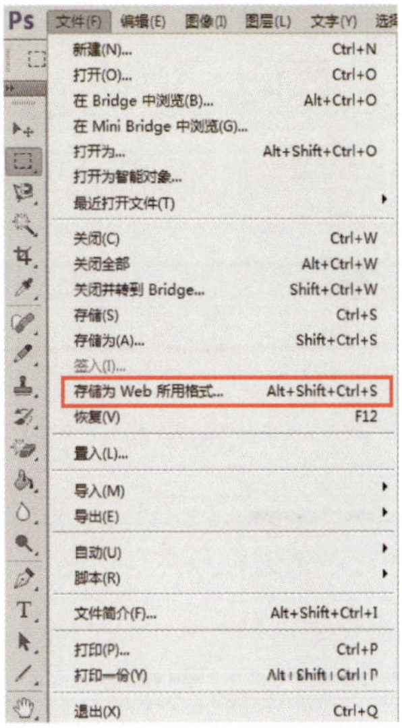

图 1-5　Photoshop 文件列表

图 1-6　“存储为 Web 所用格式”对话框

步骤 3：修改图片的图像大小。用百分比来修改，这样修改得比较整齐，在这里修改为 30%，如图 1-7 所示。

步骤 4：单击右上角的下三角，出现如图 1-8 所示页面，选择“优化文件大小”。然后把“所需文件大小”改为 100，如图 1-9 所示。

这时候发现文件大小是 98.01KB，如图 1-10 所示。然后在右上角的“模糊”一栏中微调一下（见图 1-11），当看到文件大小约为 100KB 时，确认即可。

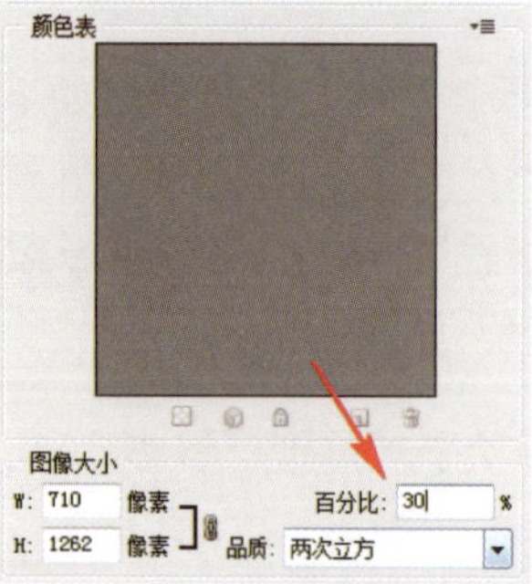

图 1-7　修改图片的图像大小

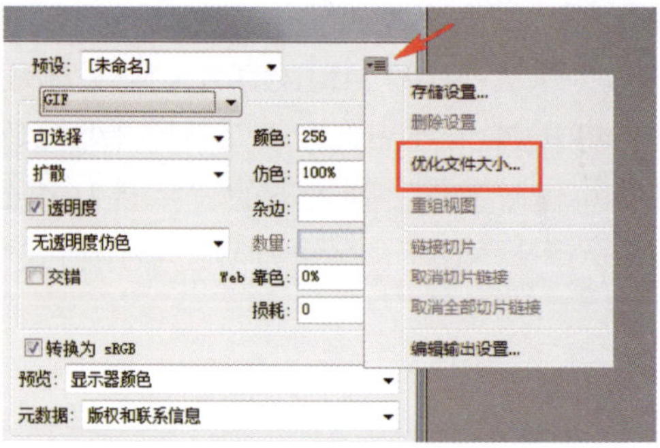

图 1-8　“优化文件大小”菜单

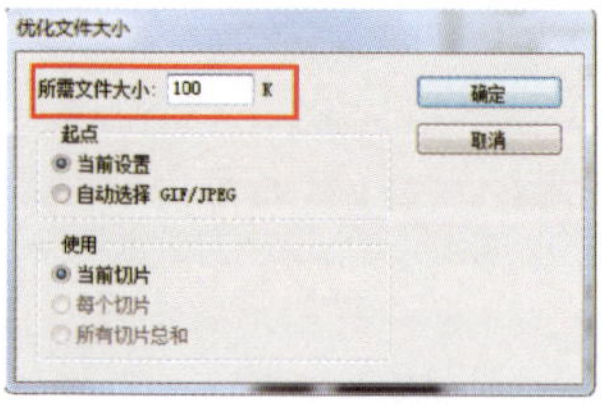

图 1-9　修改所需文件大小

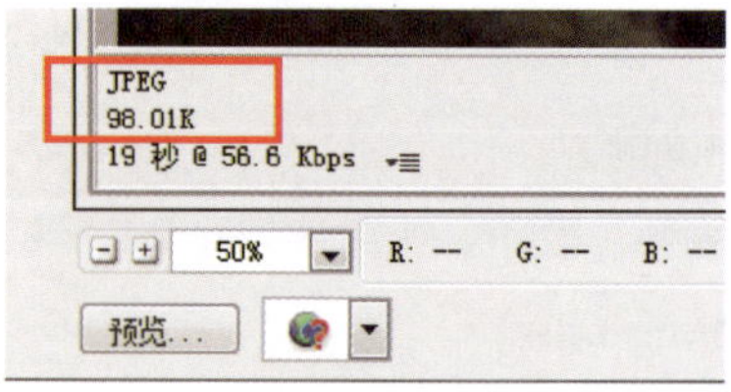

图 1-10　文件大小

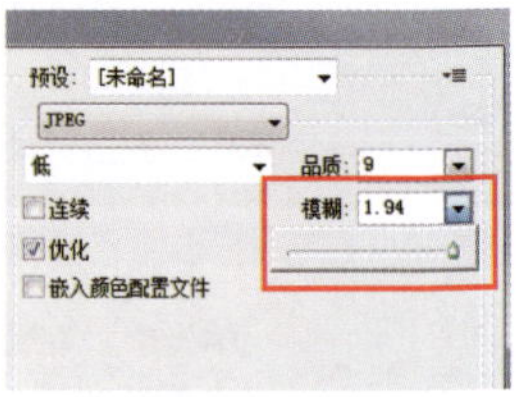

图 1-11　微调大小

3. 提升皮鞋质感的制作

（1）打开 Photoshop 软件，再打开案例文档。具体显示如图 1-12 所示。

图 1-12　皮鞋原图

（2）使用【钢笔工具】进行皮鞋产品抠图，建立选区后，按 Ctrl+J 组合键复制图层，将皮鞋抠出，如图 1-13 所示。

（3）再按 Ctrl+Shift+I 组合键反选皮鞋产品的选区，使用【选区工具】中的减选按钮选择背景中下部分有皮鞋阴影的区域。调整图层顺序，添加“图层蒙版”，使用【渐变工具】遮挡多余的部分，按 Ctrl+L 组合键打开色阶。具体效果如图 1-14 所示。

（4）选择“鞋子”图层，使用【污点修复工具】涂抹鞋面污点细节，单击“滤镜”→“液化”，调整鞋子形状细节。具体效果如图 1-15 所示。

图 1-13　抠出产品图

图 1-14　抠出并调整自带阴影

图 1-15　液化调整鞋子细节

（5）复制图层 2 次，再重命名图层。选择“高”图层，单击“滤镜”→“模糊”→“高斯模糊”，在打开的对话框中进行设置，如图 1-16 所示。

图 1-16　高斯模糊处理具体参数设置及效果

（6）选择“高”图层，“图层模式”选择“线性光”，单击“图像”→“应用图像”，在打开的对话框中进行设置，如图 1-17 所示。

（7）选择关联图层，按住 Alt 键单击图层 1，创建剪切图层。在顶层新建“色相饱和度 2”图层将产品颜色调正，具体参数及效果如图 1-18 所示。

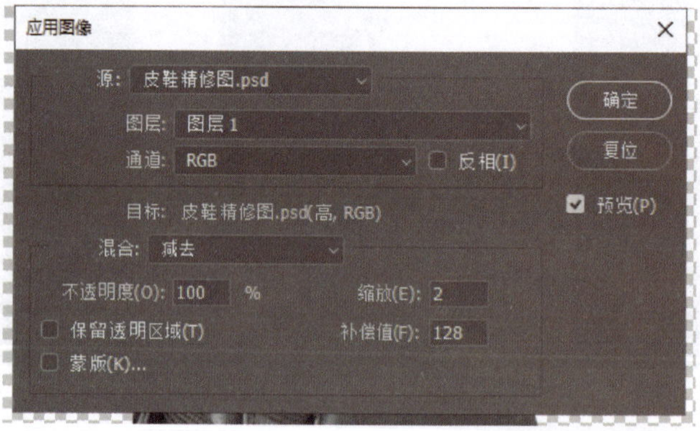

图 1-17　线性光具体参数设置及效果

图 1-18　颜色调正具体参数及效果

（8）按 Ctrl+I 组合键使蒙版反向，使用【画笔工具】，按住 Ctrl 键的同时单击鞋子图层载入选区，调整画笔大小和属性，涂抹鞋子边缘。具体效果如图 1-19 所示。

（9）隐藏“高”图层，选择“低”图层，使用【仿制图章工具】，根据鞋子固有光源，修复鞋子光影细节。具体效果如图 1-20 所示。

图 1-19　蒙版效果

图 1-20　修复光影细节效果

（10）打开“高”图层，调整透明度为 10%，在图层上方新建中性灰剪切图层，将图层“模式”设为“柔光”，如图 1-21 所示。使用【画笔工具】调整画笔大小和属性，涂抹明暗细节。具体效果如图 1-22 所示。原图与处理后的对比如图 1-23 所示。

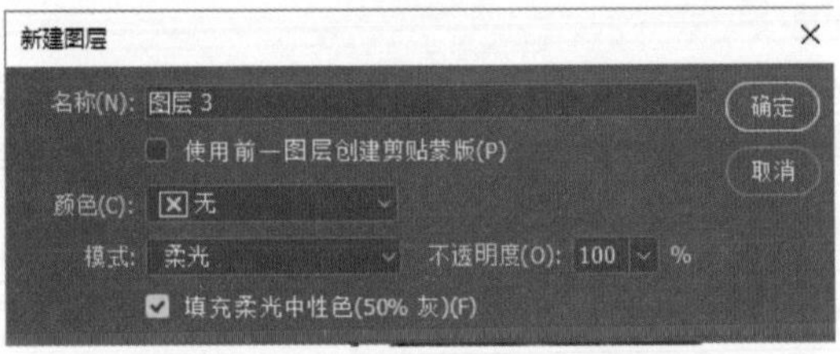

图 1-21　建立中性灰图层

图 1-22 完成效果图

图 1-23 原图与处理后的对比

任务二 皮鞋类商品淘宝主图的制作

1. 皮鞋类商品主图的设计与制作

（1）商品主图及其构成元素。商品主图必须为实物拍摄图，图片大小要求 800 像素 × 800 像素以上。商品主图的呈现方式即买家搜索得到结果后首先看到的图片，以及打开宝贝页面后显示的第一张图片及左边的四张图片外加视频文件（动态视频主图），又或是商品详情页第一屏左侧商品图的第一个位置，均为商品主图。搜索结果页面商品主图如图 1-24 所示，宝贝页面商品主图如图 1-25 所示。

只有提高商品主图的点击率，才能让商品或店铺获得消费者更多的关注，而影响宝贝主图点击率的因素众多，例如宝贝主图中所展示商品的款式、价格等。由于通常情况下搜索结果页面的宝贝很多，价格相近、款式类似商品也很多，所以卖家如果想让自己的宝贝主图在众多宝贝主图中脱颖而出、获得消费者的点击，就必须在宝贝主图的制作上下功夫，只有让自己的宝贝主图在视觉上变得更加突出与耀眼，才能吸引消费者。

商品主图有三个主要构成元素：商品主体、主图背景、信息填充，如图 1-26 所示。

图 1-24　搜索结果页面商品主图

图 1-25　宝贝页面商品主图

图 1-26　商品主图构成元素

（2）皮鞋类商品常见商品主图模式。皮鞋类商品主图有模特上脚类主图、模特＋商品/模特上脚图类主图、白底或其他背景商品图主图。女鞋主图设计以前两种居多，男鞋主图主要是第一种和第三种。皮鞋类商品主图要针对不同对象进行设计，一定要突出商品主体，示例如图 1-27 ～图 1-29 所示。

图 1-27　模特上脚类主图

图 1-28　模特 + 商品 / 模特上脚图类主图

图 1-29　白底或其他背景商品图主图

2. 皮鞋类商品主图的设计与制作步骤

（1）新建一个 800 像素 ×800 像素的画布，背景颜色为白色，如图 1-30 所示。

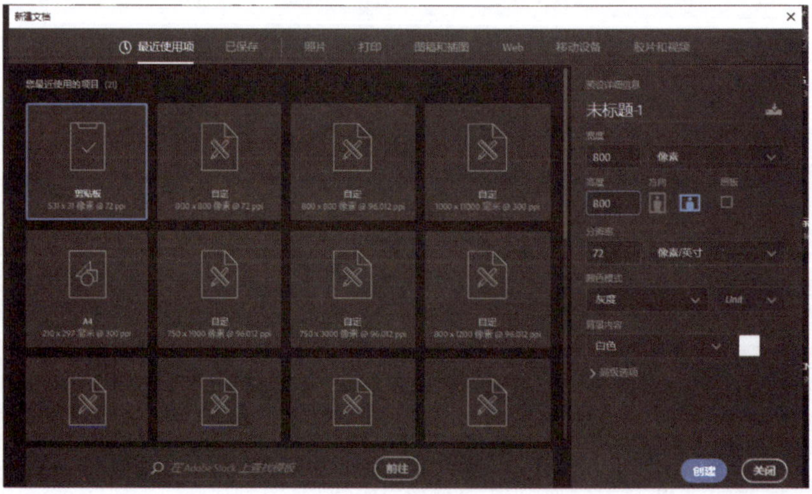

图 1-30　新建画布

（2）选择精修好的皮鞋图片，由于本次制作的都为白底图片，所以不进行抠图操作，调整好鞋子在画布中的尺寸，如图 1-31 所示。

（3）本次主图中须有产品、背景、LOGO、价格、促销文案 5 种素材。先进行产品 LOGO 的设计，新建图层，使用【选框工具】在图层左上角绘制一个矩形，填充蓝色，输入文字“罗蒙”，具体参数设置如图 1-32 所示。

图 1-31　插入产品图片

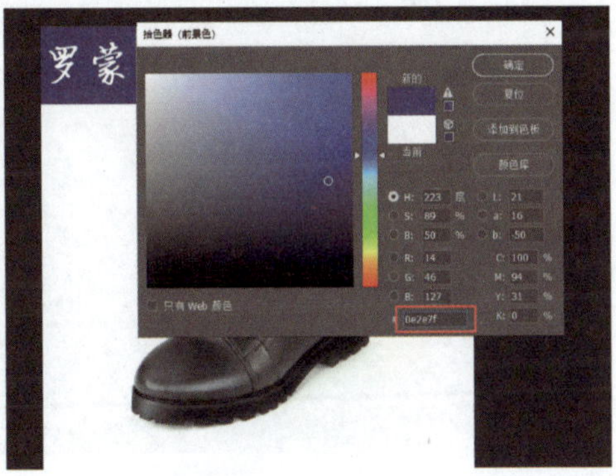

图 1-32　创建 LOGO

（4）新建图层，使用【形状工具】绘制颜色为“c93636”的一个线框、一个圆形、一个矩形，和一个颜色为“fc7676”的矩形，注意图层顺序，具体效果如图 1-33 所示。

图 1-33　绘制框线

（5）在最上方的图层上使用【文字工具】进行文案和标价的输入，注意部分文案的阴影添加，如图 1-34、图 1-35 所示。

（6）调整好每个图层的摆放顺序，完成后按 Ctrl+S 组合键进行保存，可按需求保存为 PSD 或 JPEG 格式文件，如图 1-36 所示。

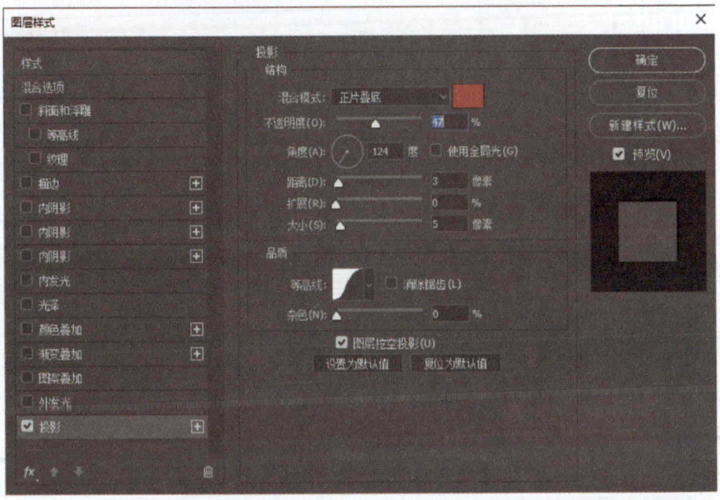

图 1-34　文案和标价等信息处理 1

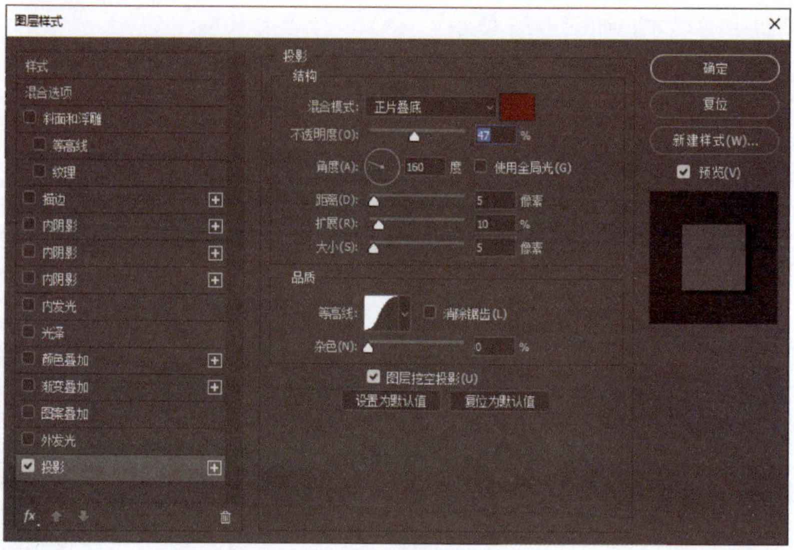

图 1-35 文案和标价等信息处理 2

图 1-36 完成图

任务三 皮鞋类商品淘宝海报的制作

1. 海报

在日常生活中随处可以看到形式多样的海报，它们可以让商品信息更加一目了然，便于将主推商品展现给买家。在网店设计中，海报的宣传同样起着至关重要的作用。因此，海报的设计必须有号召力与艺术感染力，海报的描述要简洁鲜明，达到引人注目的效果。

网店中的海报基本都是商业海报，起到宣传商品、店铺等效果。商业海报大概可以分为 3 种类型：商品宣传海报、店铺形象海报和活动推广海报，如图 1-37 所示。

普通的海报尺寸一般是 950 像素 ×（600 ～ 800）像素，具体高度要看店铺装修页面的需求。宽屏的海报尺寸为 1920 像素 ×（600 ～ 800）像素。

(a) 商品宣传海报

(b) 店铺形象海报

(c) 活动推广海报

图 1-37 海报类型

2. 网店鞋品类海报设计技巧

鞋品类目分为女鞋、男鞋。每一种鞋子的着重点都是不同的，女鞋偏向休闲、通勤、户外；而男鞋则偏向户外和商务等。设计海报时，要了解和考虑它们之间的差异点。女鞋、男鞋海报设计技巧如下。

（1）女鞋海报设计

①卖点重点突出。女性顾客通常偏向感性思维，注重款式、舒适程度、颜色搭配等，所以在做海报设计时首先要找准宝贝的目标人群，重点突出一个卖点，如图 1-38 所示。

②色调。女性消费者的思维就像一张网，能从一个点发散到多个点，当不清楚采用什么色调时，可以从主要消费人群的喜好和宝贝的颜色出发找灵感。

③结合宝贝风格。在淘宝店铺的风格基础上，只要结合宝贝找到适合宝贝的风格就可以设计出统一的宝贝海报了，而文案方面要触动顾客内心，这样才能提高转化率。

图 1-38　女鞋海报突出卖点

（2）男鞋海报设计。男性顾客较为倾向结果，目标明确。所以，在男鞋品类的图片及页面设计上应以独立卖点为突破口，比如此款鞋子适于驾车穿着，简单描述即可，如图 1-39 所示。

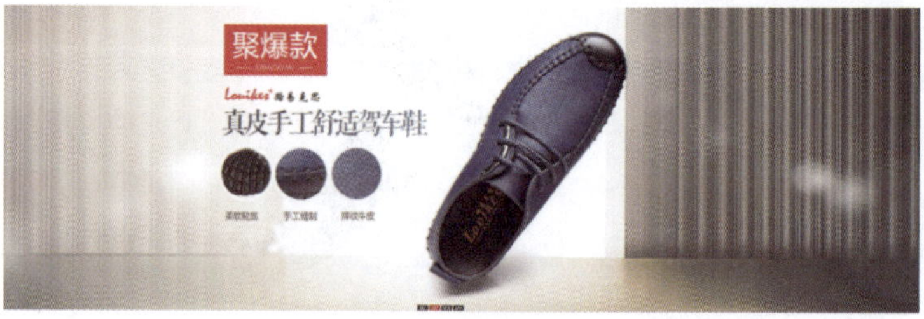

图 1-39　男鞋海报

3. 皮鞋类商品海报的设计与制作步骤

（1）寻找素材，选择如图 1-40 所示照片作为海报素材，设计文案，做一个左右排版的简约式全屏海报。

图 1-40　海报素材

（2）新建一个 1920 像素 ×600 像素的画布。

（3）将画布颜色填充为素材背景颜色（见图 1-41），并将素材导入画布中，调整好其位置。

（4）新建文字图层，选择"方正幼线细体"字体并输入文字"盛夏"，字号为 79.75，可用【Alt+"左 / 右箭头"】调整字体间距。再选择"黑体"字体并输入文字"狂欢曲"，使用鼠标全选"狂欢曲"，然后右击，选择"仿粗体"，字号为 79.75。记得使用参考线将上下两排文字信息进行标齐，如图 1-42 所示。

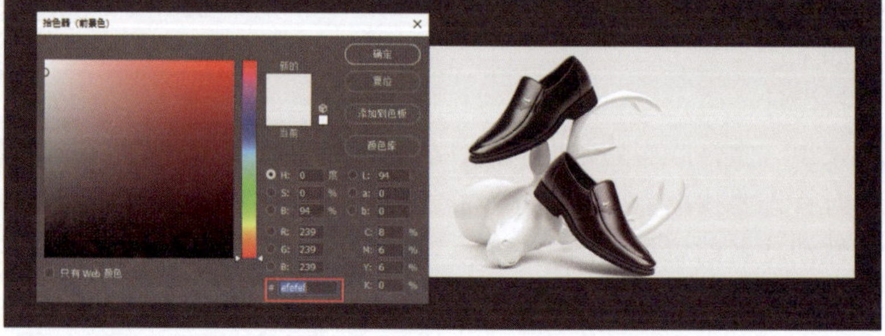

图 1-41　填充画布颜色

（5）使用【形状工具】中的直线工具，将前景色改为“3f78e3”，按住 Shift 键画直线，并使用【形状工具】中的椭圆工具，在属性栏中不要填充颜色，使用描边，描边像素设为 1.3 像素，按住 Shift 键在合适位置画正圆，如图 1-43 所示。

（6）使用【形状工具】中的矩形工具，绘制一个颜色为“3f78e3”的矩形，并在矩形上面输入文字“潮履出行 清凉一夏”，可以使用【Alt+“左 / 右箭头”】调整字体间距，如图 1-44 所示。

图 1-42　输入文本信息

图 1-43　绘制素材

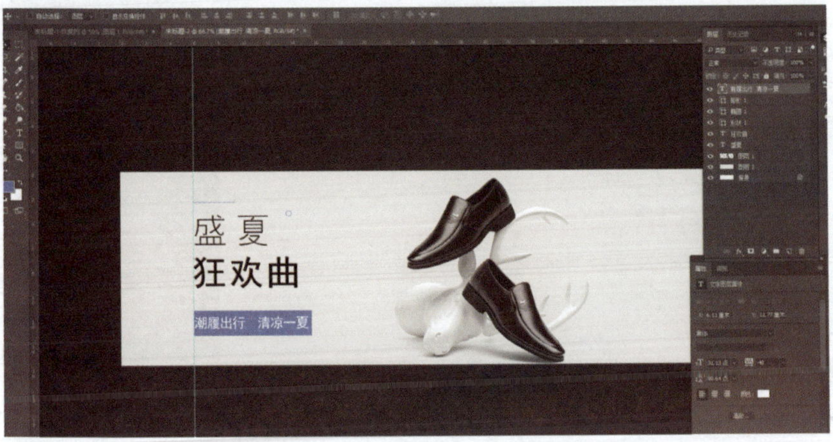

图 1-44　进行副文案制作

（7）新建文字图层，字体颜色选择为“797976”，在蓝色矩形框的下方输入3行英文乱码，作为陪衬文案装饰使用，如图1-45所示。

（8）新建图层，使用【形状工具】中的直线工具，使用黑色填充，按住Shift键绘制一条短线，按Ctrl+T组合键调出【自由变化工具】将直线进行稍微的倾斜旋转。再次新建图层，使用【形状工具】中的直线工具，使用黑色填充，按住Shift键绘制一条长线并放在合适的位置，如图1-46所示。

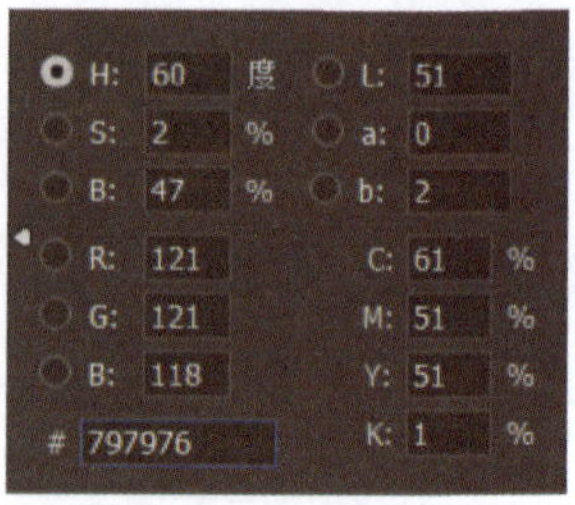

图1-45　输入文本信息

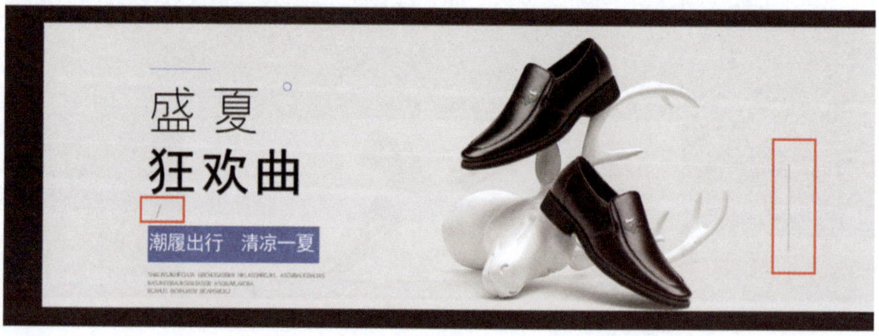

图1-46　绘制素材

（9）新建若干文字图层，输入文字“C-C”“2020”“SHOES”“HOT”“BUSINESS”，其中“C-C”“2020”的字体为“黑体”，大小为22.05，“SHOES”“HOT”“BUSINESS”的字体为“方正幼线简体”，大小为9.27。新建一根参考线，将所有文本信息右对齐于上方的竖线，如图1-47所示。

（10）调整好每个图层的位置关系，便可以保存图片，按需要可按Ctrl+S组合键保存为PSD或JPEG格式文件，如图1-48所示。

图1-47　调整文本排版

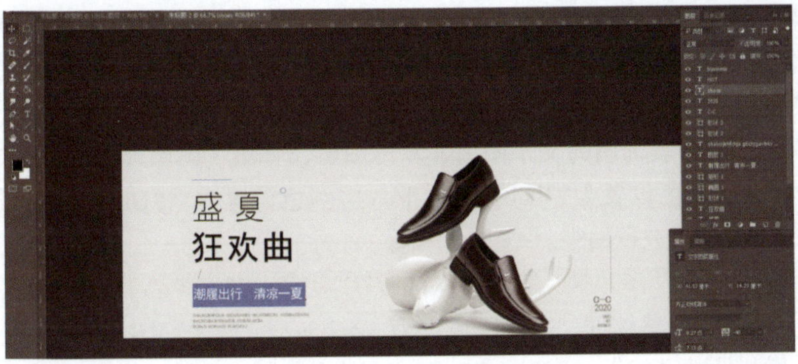

图 1-48 完成图

任务四 皮鞋类商品淘宝详情页的制作

1. 皮鞋类商品详情页的设计与制作

皮鞋类商品详情页的制作步骤如下。

（1）选择素材照片，设计文案，如图 1-49 所示。

图 1-49 素材图

（2）新建画布，建议最初可以先将高度设置为 10000 像素，在之后作图中如果画布高度不够，可使用【裁剪工具】或菜单栏中的“图像”→“画布大小”命令进行高度调整。

（3）选择素材“01”进行详情页头屏海报的制作。将图片素材放入新建画布中，并使用【文字工具】在图片上写上五行文案信息，第一层“LITCHI COWHIDE”文字用鼠标全选，然后右击，选择“仿斜体”，如图 1-50 所示。

图 1-50 文字输入及设置

（4）选取“LITCHI COWHIDE”图层，双击图层，弹出“图层样式”对话框，勾选“渐变叠加”，将颜色设为左“ecdbc1”，右“caaa87”。右击该图层，选择“复制图层样式”，并将该图层样式复制给文字层“简约鞋型彰显优雅尊贵”和“经典简约商务鞋”，如图 1-51 所示。

（5）选取下面两层装饰用的文字图层，双击图层，弹出“图层样式”对话框，勾选“颜色叠加”，将上一层颜色设置为“bcb5a2”，下一层颜色设置为“816543”。可全选所有文字图层，按 Ctrl+G 组合键进行编组。

（6）将素材中“02”图片插入画布，并在图片上输入文字“新款英伦鳄鱼纹”，图层效果如步骤（5），“清晰质感纹理”文字颜色设为“bcb5a2”，效果如图 1-52 所示。

（7）插入素材图片“03”，按相同方法制作，效果如图 1-53 所示。

（8）新建一个黑色的矩形，在矩形上建立一个新的图层，并调用该矩形选区，在选区内用白色柔边画笔于左上角涂抹一两笔，做出光照效果，并建立文本。在“产品信息”旁用【形状工具】中的自定义形状中的“向下的圆形箭头”做出装饰效果，并将以上相关图层全选，然后按 Ctrl+G 组合键将其编组，如图 1-54 所示。

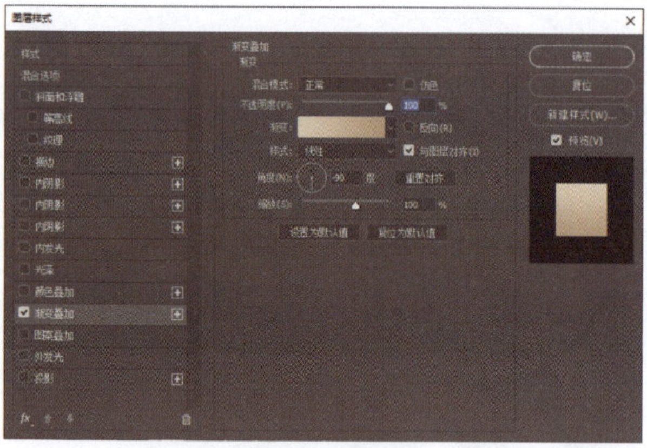

图 1-51 设置文字

图 1-52 插入图片

图 1-53 效果图

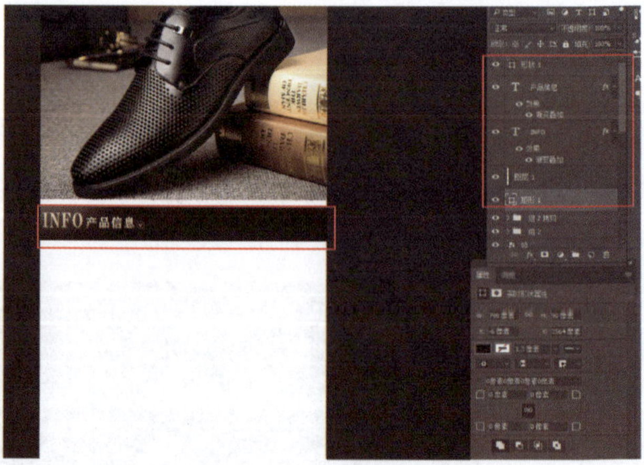

图 1-54 编组

（9）插入素材“21”，并将其缩放到合适的大小，并将产品信息通过【文字工具】进行输入。尺码对照表的表格可使用【直线工具】新建图层，按住 Shift 键进行绘制，如图 1-55 所示。

（10）在尺码对照表下方插入素材“04”，如图 1-56 所示。

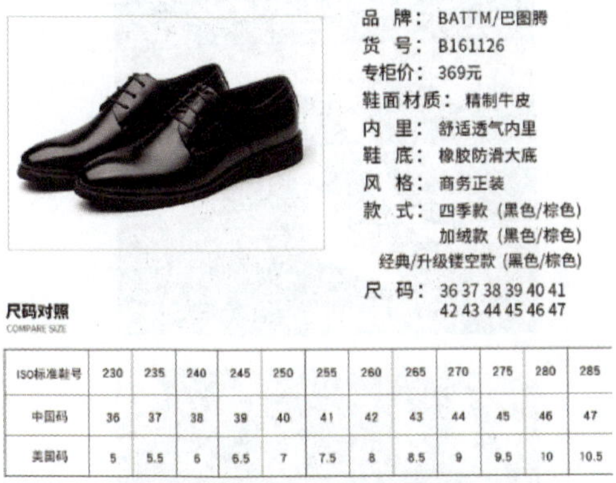

ISO标准鞋号	230	235	240	245	250	255	260	265	270	275	280	285
中国码	36	37	38	39	40	41	42	43	44	45	46	47
美国码	5	5.5	6	6.5	7	7.5	8	8.5	9	9.5	10	10.5

图 1-55　产品信息

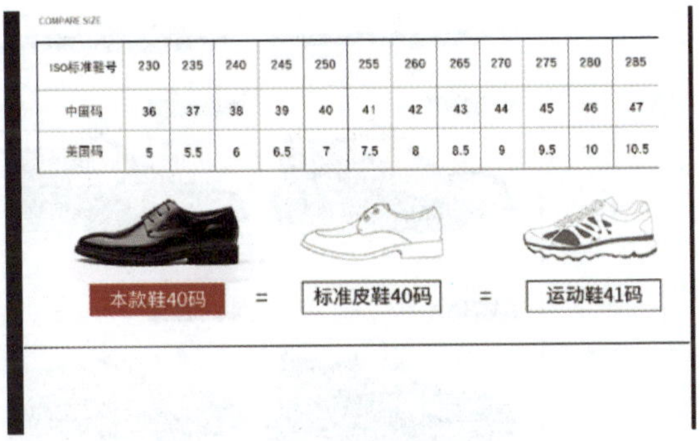

ISO标准鞋号	230	235	240	245	250	255	260	265	270	275	280	285
中国码	36	37	38	39	40	41	42	43	44	45	46	47
美国码	5	5.5	6	6.5	7	7.5	8	8.5	9	9.5	10	10.5

图 1-56　插入素材“04”

（11）复制步骤（8）中建好的组，并移动到合适位置，将文字信息改为“COLOUR”“颜色展示”，如图 1-57 所示。

（12）插入素材图片“05”“06”“07”，并输入文本，三角形的素材可以使用【钢笔工具】绘制，也可使用【自定义形状工具】中的多边形（将形状改为“3”）进行绘制，如图 1-58 所示。

图 1-57　设置文字

图 1-58　插入素材及文字

（13）绘制一个新的黑色矩形，并在矩形上输入文本信息，双击中间的文字图层样式进行渐变叠加，颜色为“f7f2ee”到“b37748”。效果如图 1-59 所示。

（14）插入素材“08”“09”“10”，注意留白，并插入间隔文本信息“意大利品牌男鞋，意式精工，舒适体验”。效果如图 1-60 所示。

（15）绘制一条细的黑色矩形，上面输入文本“SELLING POINTS TO SHOW”“脚模展示”，并插入素材图片“11”“12”。效果如图 1-61 所示。

（16）复制步骤（8）中的组，将文本信息改为“PARSE”“亮点设计”，插入素材图片

“13”，并在图片上完善文字信息。效果如图 1-62 所示。

图 1-59 绘制新的黑色矩形效果图

图 1-60 插入素材及效果—步骤（14）

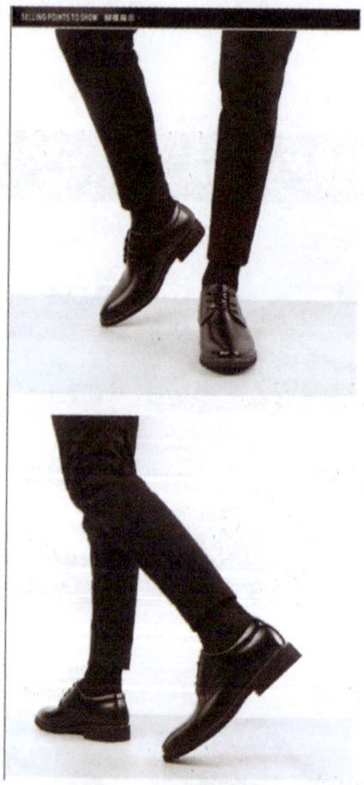

图 1-61 插入素材及效果—步骤（15）

图 1-62 插入素材及效果—步骤（16）

（17）新建图层，绘制一个大的颜色为“f2f2f2”的矩形，并用白色在该矩形的合适位置绘制一个叠加矩形，再绘制一个颜色为“721714”的小矩形，按 Ctrl+T 组合键使小矩形旋转，将其变成菱形，并插入素材“15”。效果如图 1-63 所示。

（18）用步骤（17）相同的方法插入素材“16”“17”“19”，绘制其他卖点。效果如图 1-64 所示。

（19）复制步骤（8）中的组，改文字信息为“DISPLAY”“产品展示”，并依次插入素材“20”～“24”。详情页效果图完成，如图 1-65 所示。

图 1-63　插入素材及效果—步骤（17）

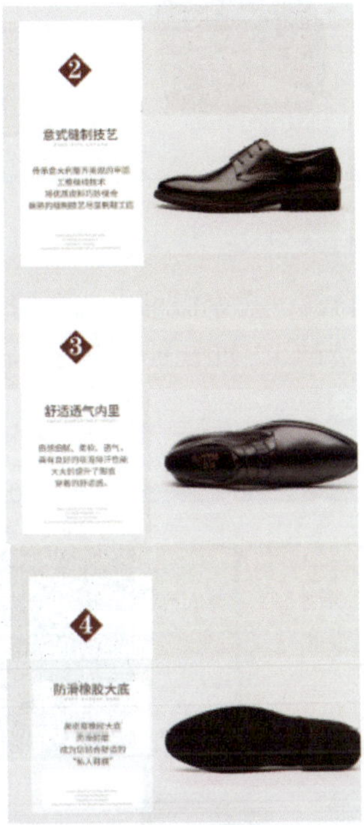

图 1-64　插入素材及效果—步骤（18）

图 1-65　详情页效果图

2. 皮鞋类商品卖点细节展示模块设计与制作

无论是新手卖家还是久经淘宝战场的老卖家，都懂得宝贝详情页的重要性，相信没有一个消费者在看宝贝的时候不去了解宝贝详情页就直接购买商品，一个好的宝贝详情页能激起买家的消费欲望，促使买家下单购买。

商品详情页的宽度是 750 像素，高度可以自定义。

一般详情页中呈现的模块都是固定的，根据不同类目的情况或有一些细微的差别，但模块大多有：首屏海报大图、商品卖点介绍、商品详情参数、商品展示、细节展示、消费体验、品牌背书、售后服务。

皮鞋类商品详情页中，鞋子的细节展示必不可少。商品详情页的卖点细节展示模块设计手法的要领是：整体 + 局部 + 文字，如图 1-66 所示。

图 1-66　商品卖点

1）通过淘宝神笔描述商品详情页

淘宝神笔是一款淘宝官方开发的宝贝详情页编辑器，卖家们可以选择淘宝神笔市场上由专业设计团队提供的大量的精美模板（很多都是免费的），如图 1-67 所示，通过浏览器、卖家中心、千牛工作台都可以进入淘宝神笔市场。

图 1-67　在浏览器中打开淘宝神笔

2）以电脑端为例通过淘宝神笔进行编辑

电脑端和手机端的宝贝详情页都可以通过淘宝神笔进行编辑。这里以电脑端为例进行讲解。

（1）在发布宝贝的过程中，在电脑端描述部分单击“使用神笔模板编辑”，出现如图 1-68 所示页面，然后单击“立即使用”进入模板市场，如图 1-69 所示。

（2）在模板市场中可以根据商品行业或者风格进行选择。选择鞋类箱包行业、简约风格，再找到满意的模板，进入模板，单击“立即使用”，如图 1-70 所示。

（3）进入淘宝神笔宝贝详情编辑器，如图 1-71 所示。在编辑器中间可以看到编辑的效果，右边区域是模块管理区，左边是属性编辑区。如果想要换一个模板，可以单击右上角的

“更换模板”进入模板市场重新选择。

（4）一般情况下，鞋类商品宝贝详情页的模块（见图1-72）包括海报、优惠券、推荐专区、潮流推荐、产品信息、颜色分类、制作工艺、产品展示（包括鞋子商品图、模特上脚图）、细节展示及购物须知。在模块管理区域，可以删除、隐藏、上移、下移或者添加模块。

图1-68 使用淘宝神笔模板编辑

图1-69 神笔模板市场

图1-70 单击“立即使用”

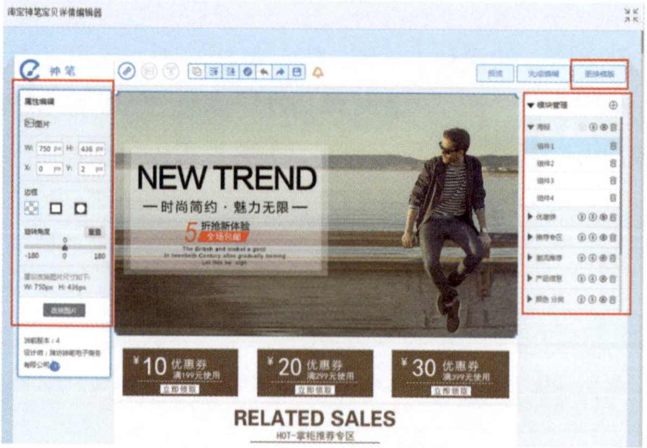

图 1-71　淘宝神笔宝贝详情编辑器

图 1-72　详情页模块

（5）选择模板之后，就可以对该模块的组件进行编辑。例如，对产品信息模块进行编辑，如图 1-73、图 1-74 所示，产品信息组件 3 是文字区域，可以对文案、字体、大小、颜色等进行编辑；产品信息组件 4 是一张鞋子的图片，在这里需要更换为自己店铺的宝贝图片，可以在左边属性编辑区域对图片尺寸、边框、旋转角度进行编辑。

（6）将淘宝神笔模板中所有模块的信息更换为自己店铺宝贝的信息之后，单击“预览”按钮查看效果，并检查是否存在错误，若有要进行修改，预览没有问题之后单击“完成编辑”按钮。

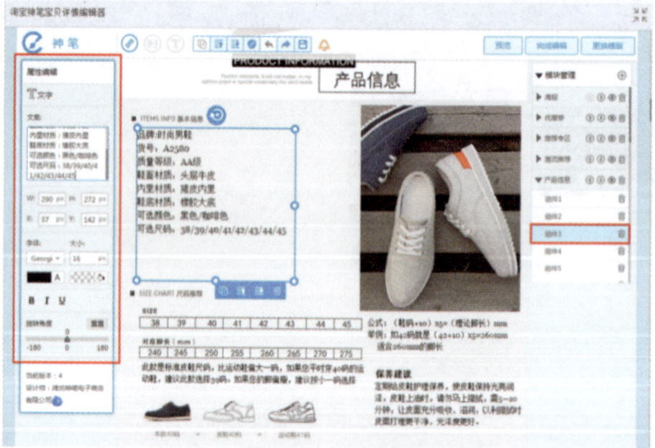

图 1-73　产品信息组件 3

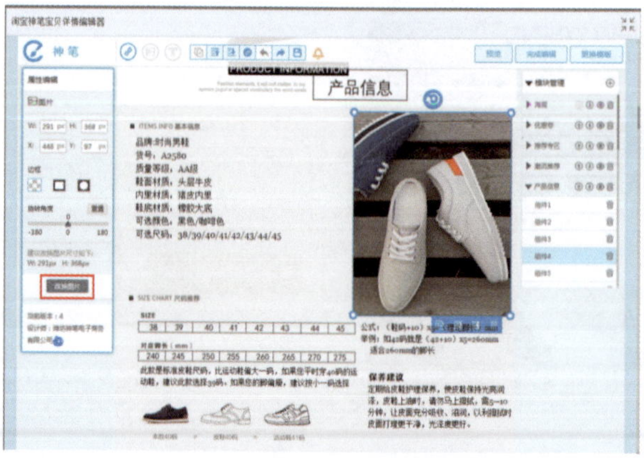

图 1-74　产品信息组件 4

任务五　箱包类商品的图片后期处理技巧

在任何产品的精修中，需要注意的 5 个要素为光感、质感、色感、体积感和结构。在本次产品精修中，会使用到高低频、钢笔勾图、画笔运用、铺光（黑白灰）、调整校对颜色和锐化高反差保留。

（1）打开 Photoshop 软件，再打开案例文档。具体显示如图 1-75 所示。

（2）复制图层 2 次，并重命名图层。选择“高斯模糊”图层，单击“滤镜”→“模糊”→“高斯模糊”，在打开的对话框中进行设置，如图 1-76 所示。

图 1-75　产品素材

图 1-76　高斯模糊具体参数及效果

（3）选择“线性光”图层，单击“图像”→“应用图层”，在打开的对话框中进行设置，如图 1-77 所示。

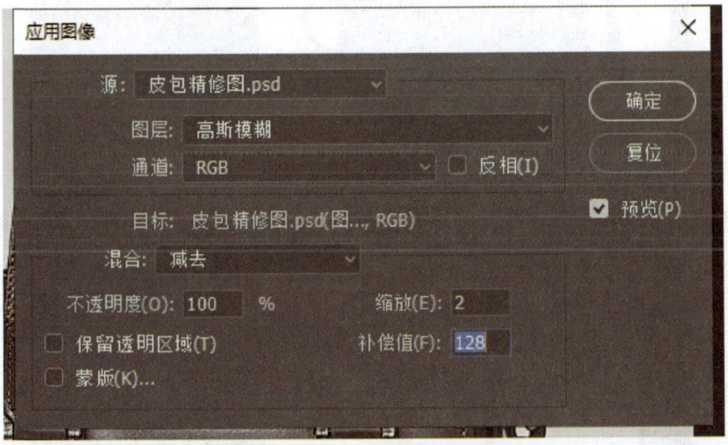

图 1-77　具体参数及效果

（4）将“图层模式”设为“线性光”，选择关联图层，按 Ctrl+G 组合键编组，重命名图组。选择“高斯模糊拷贝”图层，使用【涂抹工具】涂抹皮具纹理细节。使用【套索工具】套选修改区域，单击“滤镜”→“模糊”→“高斯模糊”，在打开的对话框中进行设置，如图 1-78、图 1-79 所示。

图 1-78　效果图

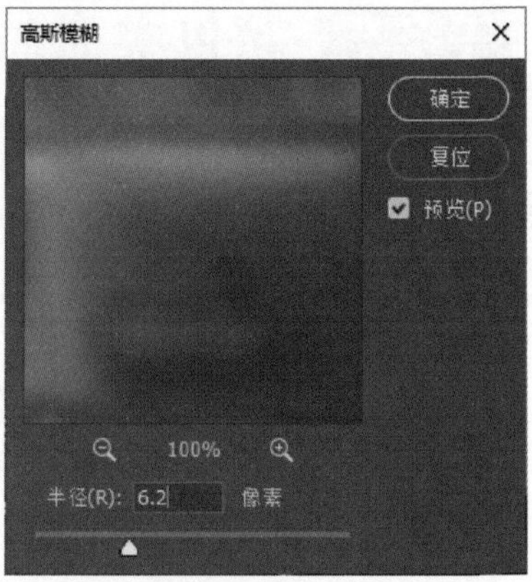

图 1-79　具体参数及效果—步骤（4）

（5）使用相同的方法调整其他的纹理细节。选择“线性光”图层，添加“图层蒙版”，使用【画笔工具】涂抹多余的区域。复制图层，并移动位置，按 Alt 键单击“图层蒙版”，使用【画笔工具】调整皮纹细节。具体效果如图 1-80 所示。

图 1-80　调整纹理细节后的效果

（6）调整线性光复制图层的顺序，按 Ctrl+G 组合键编组，使用相同的方法，复制图组，添加“图层蒙版”，使用【画笔工具】涂抹纹理细节。具体效果如图 1-81 所示。

图 1-81　效果图—步骤（6）

（7）按 Ctrl+Alt+Shift+E 组合键盖印图层，复制“背景”图层，调整图层顺序。使用【钢笔工具】抠图，按 Ctrl+J 组合键复制图层。具体效果如图 1-82 所示。

（8）利用“液化”功能进行产品造型的微调，如图 1-83 所示。

图 1-82　抠图后的具体效果

图 1-83　液化

（9）调整产品的亮度和对比度，具体参数如图 1-84 所示。

（10）新建“色彩平衡”图层，“色调”选择“中间调”，具体参数设置如图 1-85 所示。

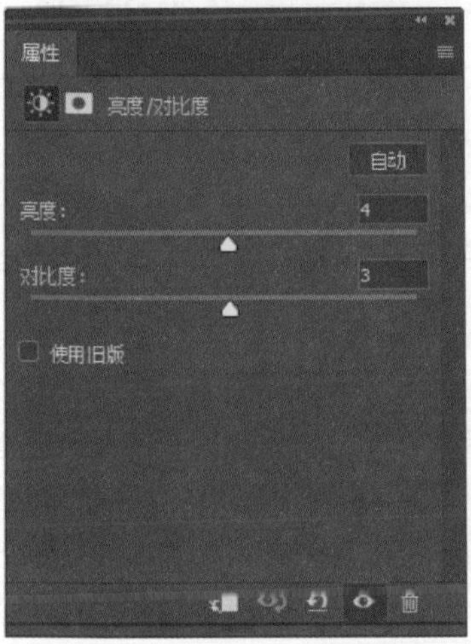

图 1-84　亮度 / 对比度具体参数

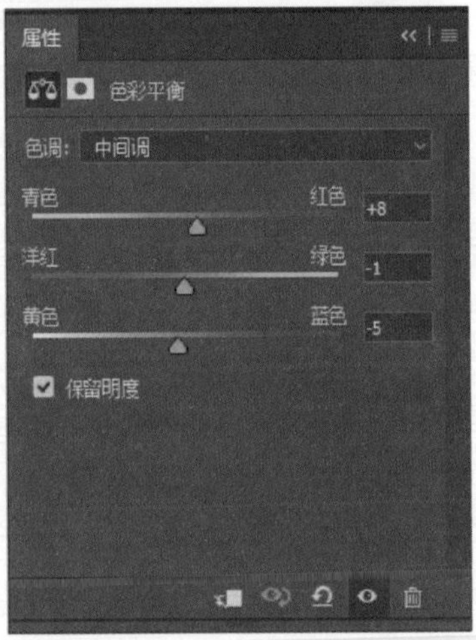

图 1-85　色调具体参数

（11）新建中性灰图层，将“图层模式”设为“柔光”。使用【画笔工具】，调整画笔大小和属性，涂抹皮包光影明暗细节。具体效果如图 1-86 所示。

（12）按 Ctrl+Alt+Shift+E 组合键盖印图层，单击“滤镜”→“其他”→“高反差保留”，分别将“图层模式”设为“线性光”，“不透明度”设为“26%”。具体效果如图 1-87 所示。

（13）最终效果对比如图 1-88 所示。

图 1-86　效果图—步骤（11）

图 1-87　效果图—步骤（12）

图 1-88　处理前后效果对比

任务六 拉杆箱类商品淘宝主图的制作

目前淘宝上的卖家竞争十分激烈，如何能在众多的卖家中脱颖而出呢？漂亮的照片和出色的店铺设计是最强有力的“销售武器”。

设计拉杆箱的主图，可以选择一些室外场景、旅行场景的素材作为背景，如图 1-89 所示；也可以结合商品的卖点、细节和促销信息，如图 1-90 所示；还可以搭配男士商务风格，吸引经常出差的男性买家，如图 1-91 所示。拉杆箱的主图设计要与整体风格搭配。

图 1-89　拉杆箱主图结合不同场景

图 1-90　拉杆箱主图结合卖点、促销信息

图 1-91　商务风格主图设计

下面我们将开始设计一张拉杆箱类商品的淘宝主图。

（1）寻找素材，选择如图 1-92 所示的照片作为素材，设计文案。

（2）利用【钢笔工具】分别将“行李箱主图素材”和“行李箱主图素材 2”进行抠图，作为素材备用，如图 1-93 所示。

图 1-92　行李箱主图素材

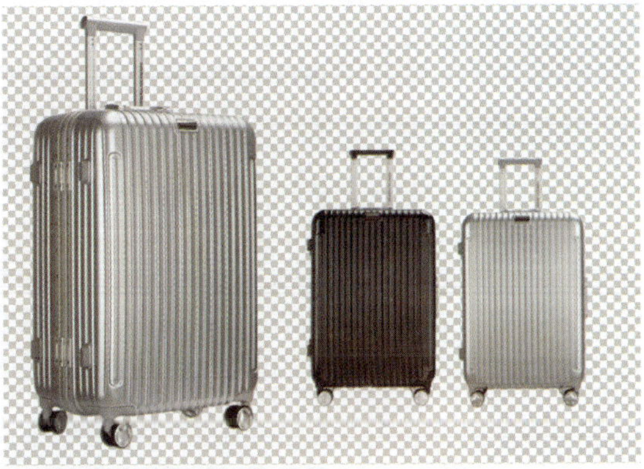

图 1-93　抠图

（3）新建一张 800 像素 ×800 像素的画布。

（4）将抠好的“行李箱主图素材”和“行李箱主图素材 2”拖进新建的画布中，并放在合适位置，选择“行李箱主图素材”，按 Ctrl+T 组合键自由变换，进行水平翻转，如图 1-94 所示。

（5）使用【形状工具】中的圆角矩形，绘制一个颜色为“2d4569”的圆角矩形，如图 1-95 所示。再绘制一个小的白色圆角矩形。具体效果如图 1-96 所示。

（6）将“行李箱素材 3”嵌套进绘制的白色圆角矩形中，如图 1-97 所示。

图 1-94　将素材图拖进画布

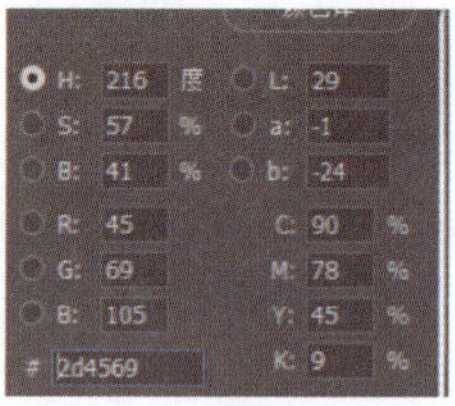

图 1-95　绘制大圆角矩形

图 1-96　具体效果—步骤（5）

图 1-97　嵌入“行李箱素材 3”

（7）在画布下方绘制三个矩形，颜色从左至右填充为“32647f”“1c4966”。为每个矩形在图层样式中添加投影，具体参数如图 1-98 所示。

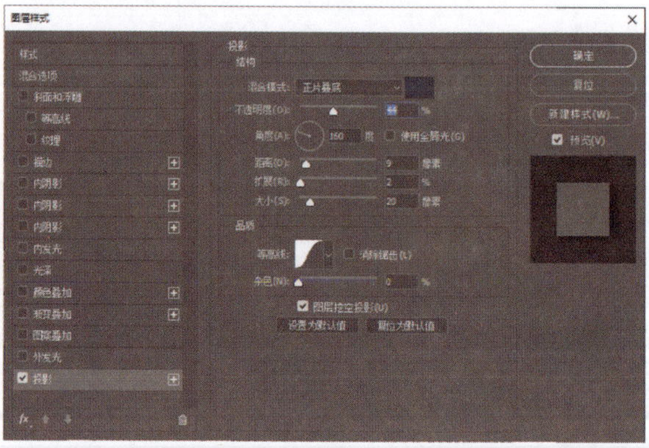

图 1-98　添加投影的具体参数

（8）绘制一个白色的椭圆，将其嵌套进下方最左边的矩形中，添加文案和装饰性图案，如图 1-99 所示。

（9）添加产品的 LOGO，完成主图制作，如图 1-100 所示。

图 1-99　添加文案和装饰性图案

图 1-100　完成图

任务七　拉杆箱类商品淘宝海报的制作

拉杆箱主要是人们在旅游、出差等外出时用到的商品，设计制作拉杆箱类商品的海报时，一定要考虑到商品的用途、海报设计的目的。拉杆箱类商品海报设计可以分为旅行场景海报、商务风格海报和促销上新类海报。

1. 旅行场景海报

旅行场景海报的风格偏向明快活泼的颜色，当然海报离不开创意文案，如图 1-101 所示。

图 1-101　旅行场景海报

2. 商务风格海报

商务风格是比较硬朗、简约的设计，偏向暗黑色系，如图 1-102 所示。

图 1-102 商务风格海报

3. 促销上新类海报

促销上新类海报必须包含促销、上新的商品基本信息，海报风格要符合店铺的整体风格，如图 1-103 所示。

图 1-103 促销上新类海报

下面我们将开始设计一张拉杆箱类商品的淘宝海报。由于拉杆箱属于旅行系列产品，所以在这类海报的制作中，素材或背景可以准备一些和旅行相关的元素。

（1）新建一张大小为 1920 像素 ×800 像素的画布，准备好海报素材。

（2）将“海报素材产品图 1”“海报素材产品图 2”进行抠图备用，如图 1-104 所示。

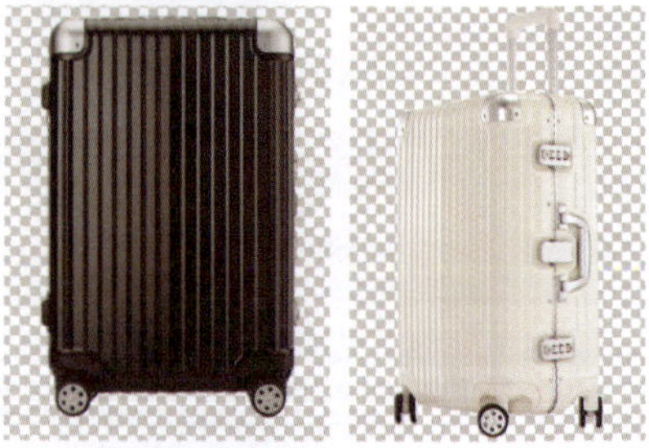

图 1-104 抠图效果

（3）将“海报素材地图背景”拖入新建画布中，缩放到合适的大小，可适当进行裁剪。

（4）将抠好的两个产品放入画布中，使用参考线将产品缩放到合适大小，效果如图 1-105 所示。

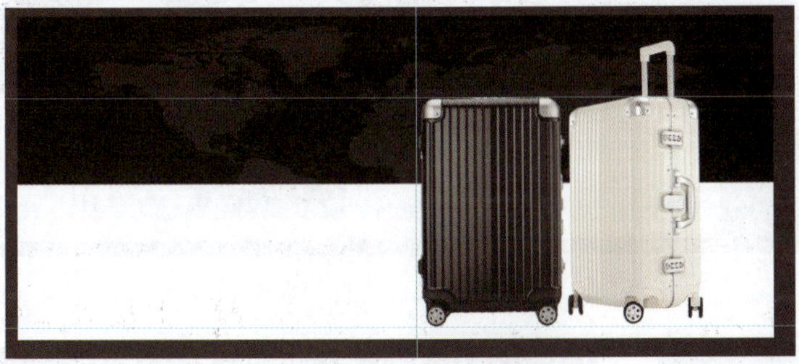

图 1-105　放置素材

（5）分别在“海报素材产品图 1”“海报素材产品图 2”的下方新建图层，使用【画笔工具】，选择柔边的画笔，将颜色设置为不透明度为 20% 的黑色，进行产品投影的绘制。可以建立一张白色的蒙版，将投影形状调整得更为自然。效果如图 1-106 所示。

（6）进行文案的添加，注意字体大小和层级关系的变化，字体颜色分别为黄“be9a5c”、白“ffffff”、黑“000000”。可选中所有的文字图层再按 Ctrl+G 组合键进行编组，如图 1-107 所示。

图 1-106　绘制投影

图 1-107　添加文案信息

（7）使用【形状工具】中的直线工具，在“属性”选项栏中将直线粗细改为“8”像素，进行海报的元素绘制。效果如图 1-108 所示。

（8）使用【形状工具】中的矩形工具，继续绘制海报点缀元素，如图 1-109 所示。

（9）将所有图层进行位置的微调，保存图片，如图 1-110 所示。

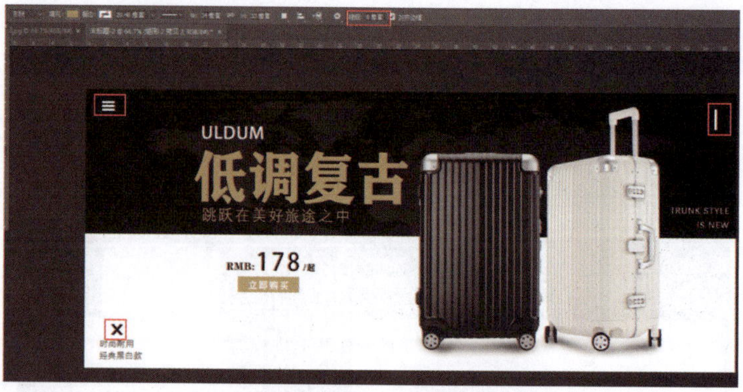

图 1-108 绘制装饰素材—步骤（8）

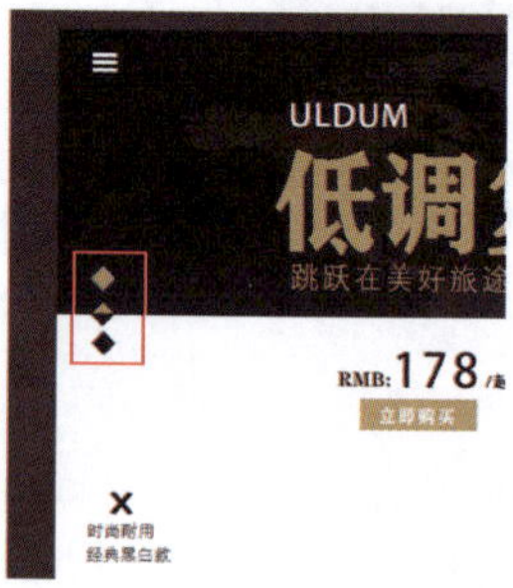

图 1-109 绘制装饰素材—步骤（9）

图 1-110 最终效果图

任务八 拉杆箱类商品淘宝详情页的制作

1. 拉杆箱类商品详情页的设计

宝贝详情页是唯一一个向顾客详细展示宝贝细节与优势的地方，顾客喜不喜欢这个宝贝、是否愿意在该店里购买肯定都要仔细看宝贝的详情页，99% 的订单也都是在看过宝贝的详情页后生成的，由此可见宝贝详情页的重要性。对于手机端的宝贝详情页，可以在做好淘宝宝贝详情页后用甩手工具箱一键生成手机淘宝宝贝详情页进行查看。对于拉杆箱类商品详情页的设计和制作要点如下。

（1）店铺活动。店铺活动可以是促销活动的通知或预告、新款上线的通知或预告，也可以是主推款式的海报，要想吸引买家的眼球，促使成交，就一定要想办法让买家看到店铺商品的特色所在，如图 1-111 所示。

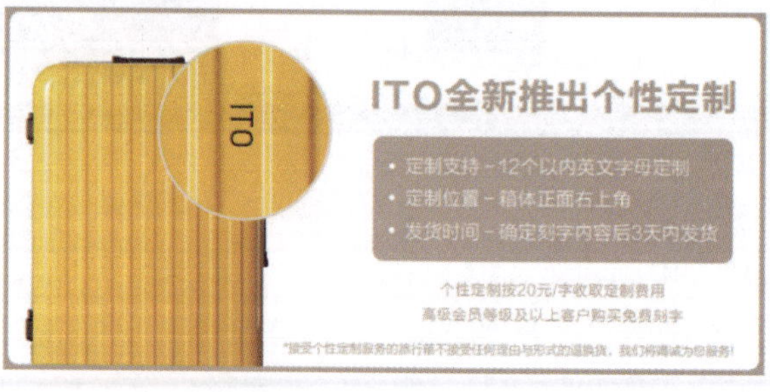

图 1-111 店铺活动

（2）商品卖点。图片加上文案解释说明，让买家更了解产品，如图 1-112 所示。

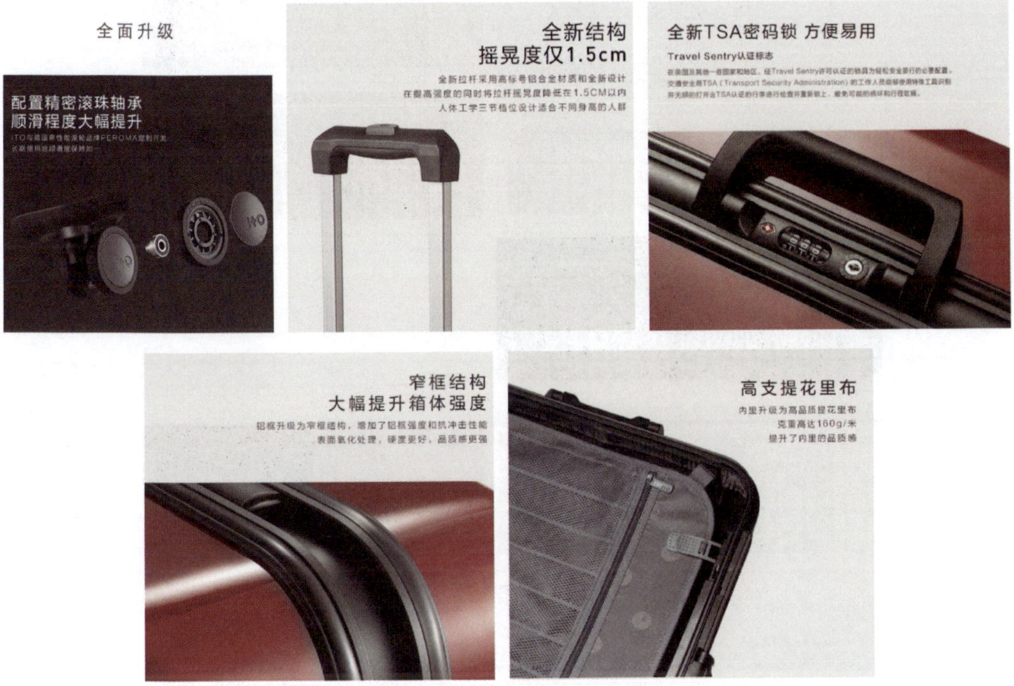

图 1-112 商品卖点

（3）正品防伪查询说明。它可以打消消费者的疑虑，如图 1-113 所示。

图 1-113 防伪认证说明

（4）不同角度展示图。分别从正视、45° 侧视、侧视和内部结构展示拉杆箱，让消费者对商品的外观和内部有一个更清楚的了解，如图 1-114 所示。

（5）商品颜色展示。展示拉杆箱的全部颜色，满足不同消费者的颜色爱好选择，如图 1-115 所示。

（6）产品材质、细节展示。展示拉杆箱的箱体材质、轮子、拉杆等买家比较关注的细节，如图 1-116 所示。

（7）商品尺寸，如图 1-117 所示。

（8）售后服务说明，如图 1-118 所示。

图 1-114 不同角度展示图

图 1-115　商品不同颜色展示图

图 1-116　商品材质和细节图

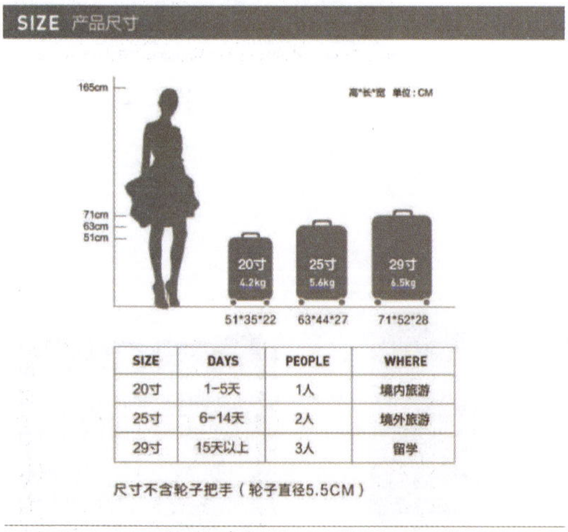

图 1-117　商品尺寸图

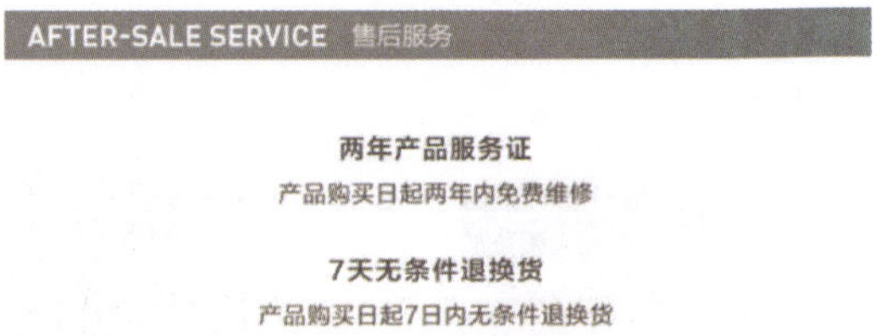

图 1-118　售后服务说明展示

2. 拉杆箱类商品详情页的制作

本次制作的详情页包含头图海报、尺寸展示、卖点介绍、细节展示、产品颜色展示、使用方法、品牌保证共 7 个模块的内容。

（1）选择素材照片，设计文案，如图 1-119 所示。

图 1-119　素材

（2）新建画布，建议最初可以先将高度设置为 10000 像素，在之后作图中如果画布高度不够，可使用【裁剪工具】或菜单栏中的“图像”→“画布大小”命令进行高度调整。

（3）按 Ctrl+Shift+N 组合键新建图层，使用【选框工具】绘制一个高度为 600 像素左右的选区，切换到渐变工具，填充一个由灰到白的渐变。具体参数如图 1-120 所示。

（4）将素材“01”导入画布，边缘衔接不自然的地方可以建立蒙版进行擦除，如图 1-121 所示。

（5）使用【形状工具】中的圆角矩形工具，将选项栏中半径参数改为“50”，在画布合适位置绘制圆角矩形，如图 1-122 所示。

（6）使用【文字工具】填写头图海报的文字信息，效果如图 1-123 所示。

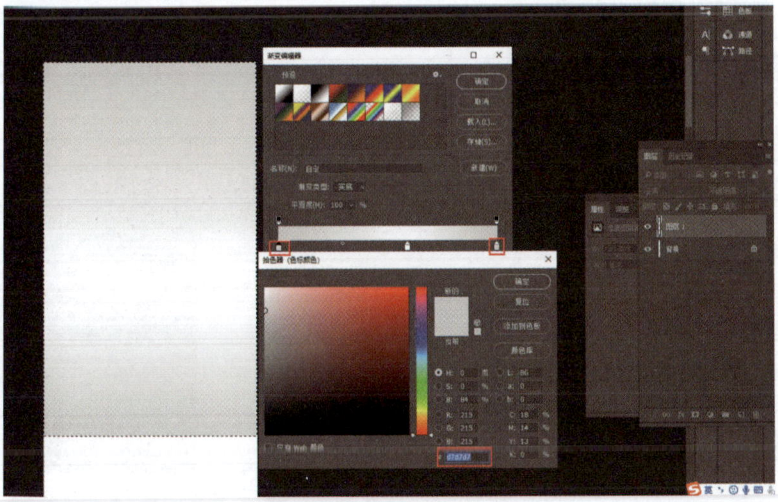

图 1-120　绘制渐变选区

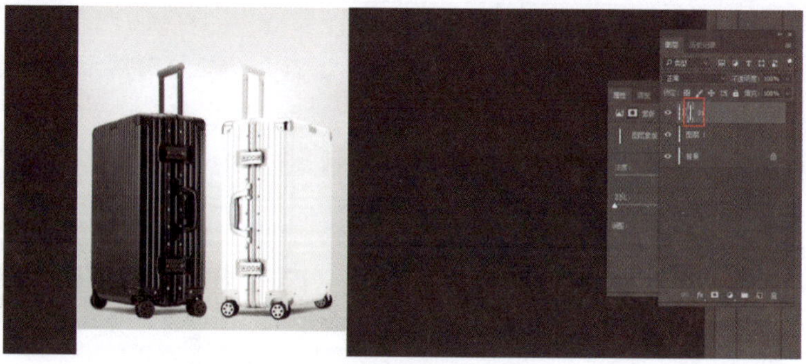

图 1-121 导入素材

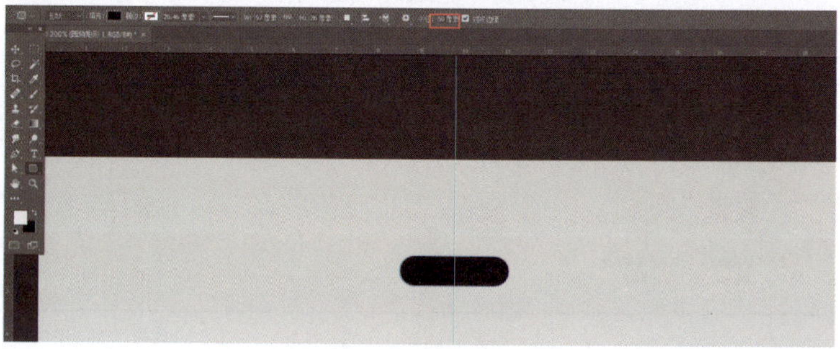

图 1-122 绘制圆角矩形

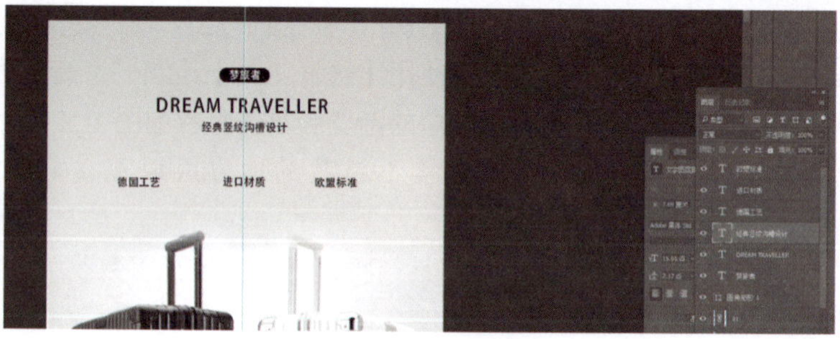

图 1-123 添加文字

（7）使用【形状工具】中的直线工具和矩形工具绘制文案装饰，具体参数效果如图 1-124 所示。完成后将除了背景层以外的所有图层选中，按 Ctrl+G 组合键编组，命名为头图海报。

图 1-124 绘制文案装饰

（8）制作“尺寸展示”模块。打开素材“02”进行产品抠图，并导入画布中，复制 4 份，按 Ctrl+T 组合键自由变化，将其缩放到不同的大小，缩放时按 Alt+Shift 组合键保持等比缩放。具体效果如图 1-125 所示。

图 1-125　“尺寸展示”素材

（9）使用【文字工具】和【形状工具】中的直线工具绘制“尺寸展示”，将如图 1-126 所示框选的三个图层进行编组，命名为“产品尺寸”，以便之后模块可以复制使用。

（10）使用【文字工具】和【形状工具】中的直线工具绘制产品尺寸，将如图 1-127 所示框选的图层进行编组，命名为“产品尺寸”。

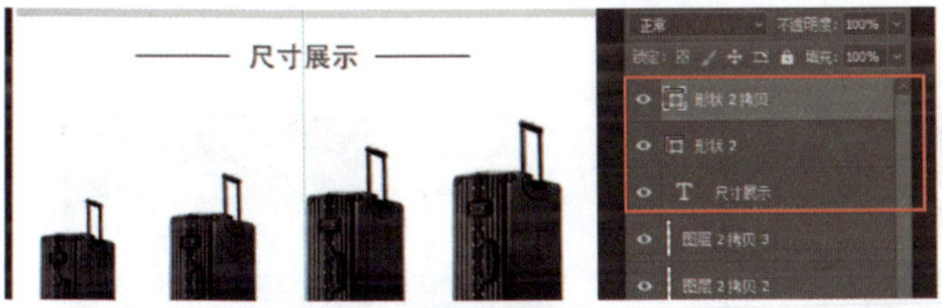

图 1-126　添加文字并编组

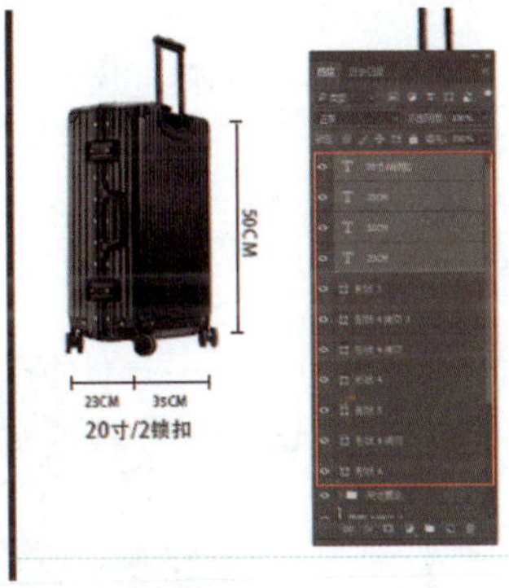

图 1-127　绘制产品尺寸并编组

（11）将组“产品尺寸”复制三份，使用【移动工具】将其移动到合适位置，可以适当按 Ctrl+T 组合键调出【自由变化工具】，将直线进行长短的调整，如图 1-128 所示。

（12）新建图层，使用【选框工具】绘制一个矩形，填充颜色为“f4f4f2”，并复制三份，效果如图 1-129 所示。

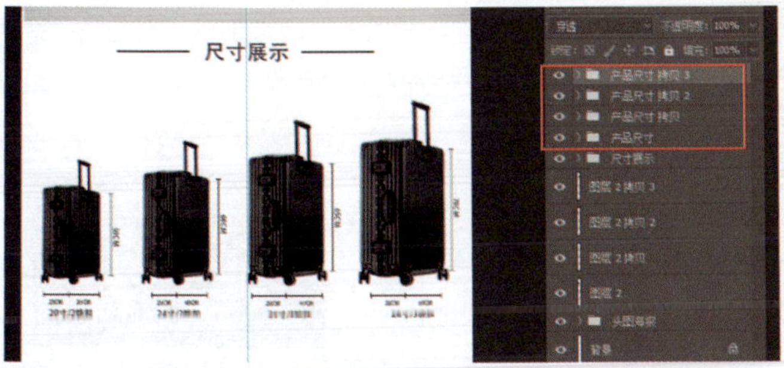

图 1-128　完成其他三处产品尺寸的设置

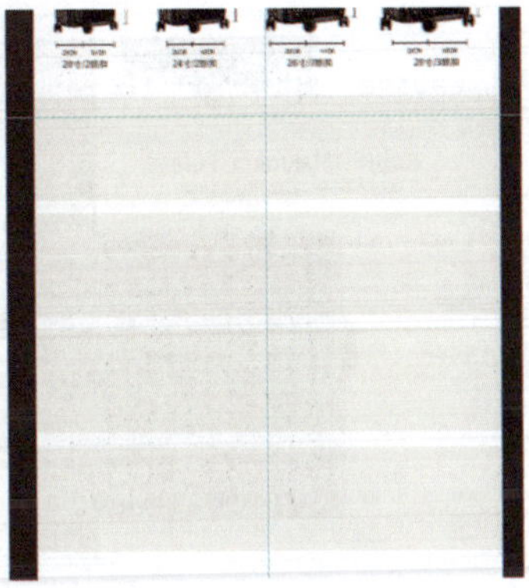

图 1-129　绘制矩形

（13）使用【文字工具】将相关文案写在上面，如图 1-130 所示。

（14）制作“产品卖点”。新建图层，使用【选框工具】绘制一个矩形选区，颜色填充为“f4f4f2”。具体效果如图 1-131 所示。

图 1-130　添加文案

图 1-131　制作“产品卖点”

（15）将抠好的素材“02”拖进画布，并缩放到合适大小，并使用【文字工具】输入文案。具体效果如图 1-132 所示。注意文案的层级关系和字间距的调整。

（16）颜色选择“f0d165”，使用【形状工具】中的直线工具和圆形工具，绘制指引线，效果如图 1-133 所示。

（17）插入素材“04”，并使用【文字工具】将文案写好，设计的驰名商标图形可在【形状工具】中自定义形状里找到。效果如图 1-134 所示。

（18）制作“细节展示”模块。复制步骤（10）中的“产品尺寸”组，并改名为“细节展示”组，如图 1-135 所示。

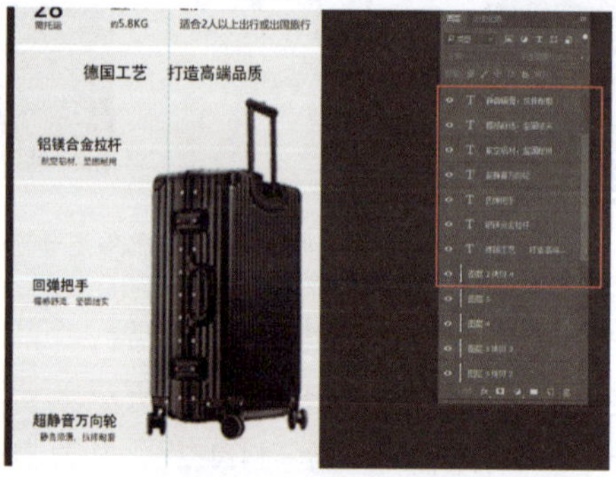

图 1-132　添加卖点文案

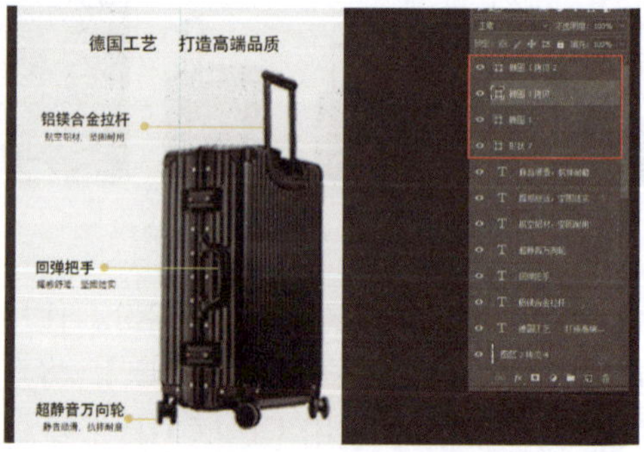

图 1-133　绘制指引线

图 1-134　插入素材“04”

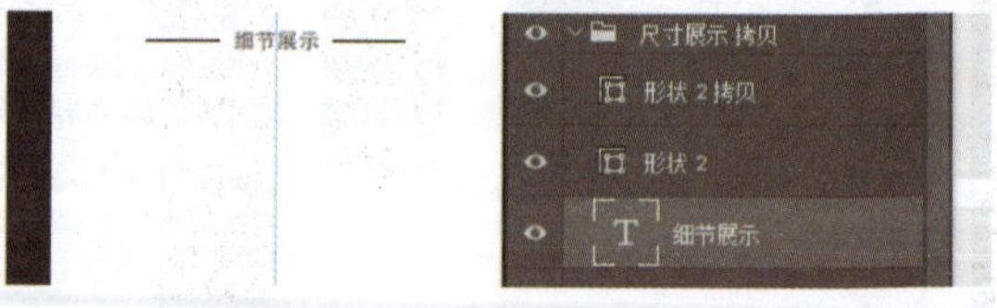

图 1-135　制作“细节展示”模块

（19）新建图层，使用【选框工具】绘制一个矩形选框，填充颜色为“f4f4f2”。插入素材“05”，并写入文案。具体效果如图 1-136 所示。

（20）使用步骤（19）相同方法，插入素材“06”“07”“08”“09”制作剩下的几个细节展示图。

（21）插入素材“10”，并写入文案，效果如图 1-137 所示。

图 1-136　插入素材“05”并写入文案

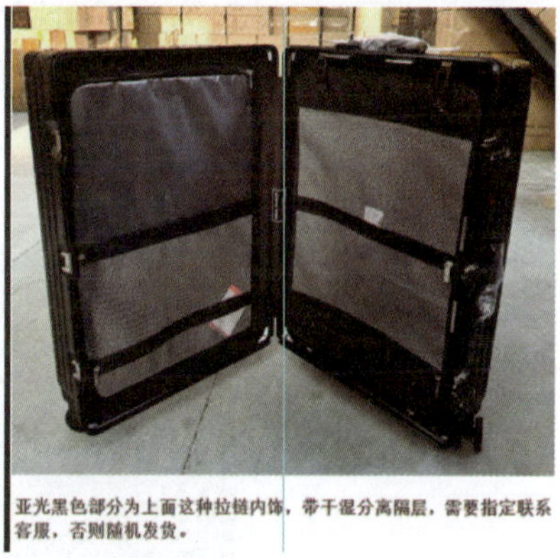

图 1-137　内部结构展示

（22）制作“颜色展示”模块。复制步骤（10）中的“产品尺寸”组，并改名为“颜色展示”。

（23）插入素材“黑色行李箱素材 01 ～ 04”并放在合适位置，写入文案，效果如图 1-138 所示。图中涉及的圆角矩形的制作可参照步骤（5）。

（24）插入素材“银色行李箱素材 01 ～ 04”“红色行李箱素材 01 ～ 04”“蓝色行李箱素材 01 ～ 04”，使用相同方法制作其他颜色的行李箱展示。

（25）制作“使用方法”模块。复制步骤（10）中的“产品尺寸”组，并改名为“使用方法”。

（26）插入素材“11”并放在合适位置，效果如图 1-139 所示。

（27）新建图层，使用【形状工具】中的矩形工具，绘制一个黑色的矩形，并写入品牌保证文案，完成详情页的制作，如图 1-140 所示。

图 1-138　“颜色展示”模块

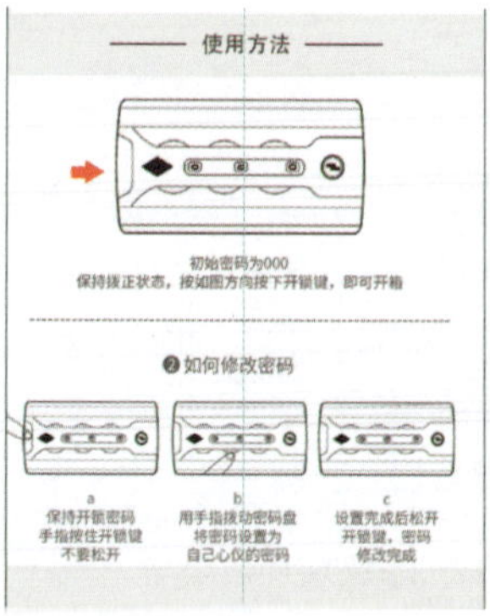

图 1-139　“使用方法”模块

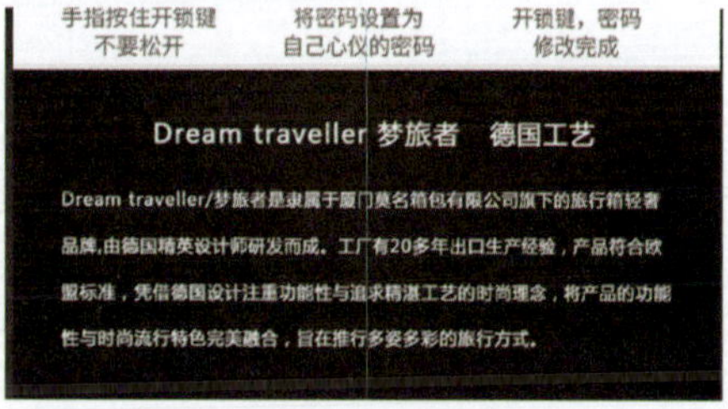

图 1-140　写入品牌保证文案

[知识总结]

1. 详情页如何延长画布

方法一：直接使用【裁剪工具】，把画布直接往下拉长即可。如果延长画布后背景颜色不是白色，可找到“背景”图层使用【油漆桶工具】填充为白色。

方法二：在菜单栏中执行“图像”→“画布大小”命令。弹出“画布大小”对话框后，将单位改为像素，增加“高度”的数值，并将“定位”设为往下，“画布扩展颜色”设为白色。具体参数如图 1-142 所示。

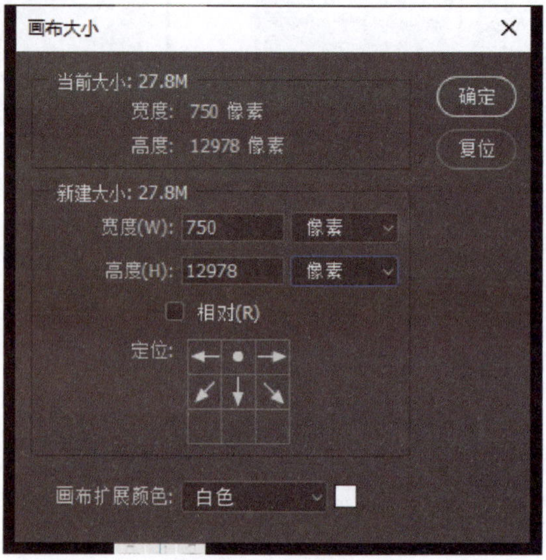

图 1-142　具体参数

2. 商品海报设计思路及具体要素

（1）海报设计的思路，如图 1-143 所示。

（2）海报设计的具体要素。

①充分的视觉冲击力，可以通过图像和色彩来实现。

②海报表达的内容要精炼，要抓住主要诉求点。

③内容不可过多。

④一般以图片为主，文案为辅。

⑤主题字体醒目。

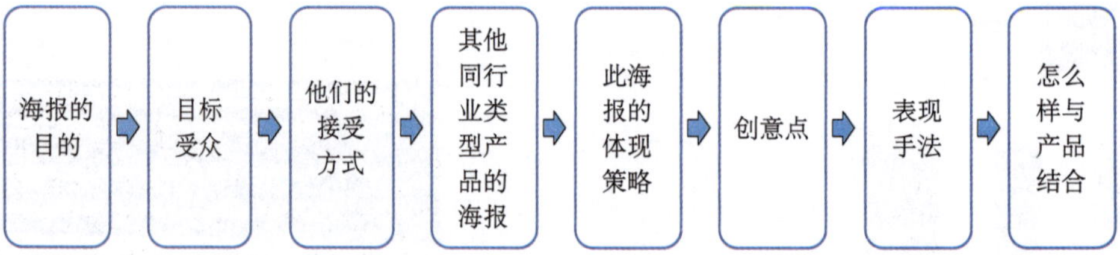

图 1-143　海报设计的思路

3. 商品详情页基本布局

一般情况下，商品详情页的基本布局如图 1-144 所示。

店铺活动
模特图片
实物图片
细节图片
尺码描述
店铺实力、品牌展示
相关推荐
店铺其他说明

图 1-144　商品详情页的基本布局

【同步实训】

一、实训概述

本项目实训为鞋包类商品图片的制作，学生通过本项目的学习，能够掌握鞋包类商品后期处理的具体方法与技巧，并能完成商品的海报、详情页、主图的设计与制作。

二、实训素材

（1）装有 Photoshop 软件的计算机。

（2）冬款皮鞋、PC 材质拉杆箱类商品，相机等。

三、实训内容

任务一　冬款皮鞋类商品拍摄与美化

步骤 1：利用 Photoshop 对商品图片进行后期美化处理。

步骤 2：根据商品特点完成主图、海报及详情图的设计与制作。

任务二　拉杆箱类商品拍摄与美化

步骤 1：利用 Photoshop 对产品图片进行后期美化处理。

步骤 2：根据商品特点完成主图、海报及详情图的设计与制作。

四、考核评价（见表 1-1）

表 1-1　考核评价表

<table>
<tr><td>项目名称</td><td colspan="5">鞋包类商品</td></tr>
<tr><td>任务完成方式</td><td colspan="5">小组协作完成
个人独立完成</td></tr>
<tr><td>评价项</td><td colspan="4">评价点</td><td>总分值</td></tr>
<tr><td>冬款皮鞋类商品拍摄与美化</td><td colspan="4">（1）能否对产品图片进行恰当的后期美化处理（20 分）
（2）能否根据商品特点设计并制作出符合要求的主图、海报及详情页（30 分）</td><td>50 分</td></tr>
<tr><td>拉杆箱类商品拍摄与美化</td><td colspan="4">（1）能否对拍摄成果进行恰当的后期美化处理（20 分）
（2）能否根据商品特点设计并制作出符合要求的主图、海报以及详情页（30 分）</td><td>50 分</td></tr>
<tr><td colspan="6">本主题学习单元成绩：</td></tr>
<tr><td>自我评价（20%）</td><td></td><td>小组评价（20%）</td><td></td><td>教师评价（60%）</td><td></td></tr>
<tr><td colspan="6">存在的主要问题</td></tr>
<tr><td colspan="6"></td></tr>
</table>

【巩固与提高】

一、单选题

1. 商业海报大概可以分为（　　）。

A. 商品宣传海报和店铺形象海报

B. 店铺形象海报和活动推广海报

C. 商品宣传海报和活动推广海报

D. 商品宣传海报、店铺形象海报和活动推广海报

2. 以下商品图片中，（　　）是自身组合造型。

A. 

B. 

C. 

D. 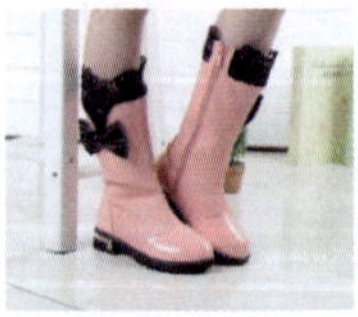

二、简答题

（1）皮鞋类商品的海报设计技巧有哪些？

（2）拉杆箱类商品主图如何挖掘其卖点？

三、实操题

教师提供一款皮质拉杆箱商品，学生根据商品材质和特点在工作室进行后期处理，制作主图、海报、详情页，完成后以小组形式进行互评。

项目二
护肤类商品

【学习目标】

知识目标：

（1）熟悉护肤品类商品图片后期处理的知识要素。

（2）熟悉商品主图的主要构成元素。

（3）熟悉商品海报的设计思路及具体要素。

（4）熟悉商品详情页的基本布局。

能力目标：

（1）能够完成化妆、护肤类商品图片后期处理的基本工作。

（2）能够完成化妆、护肤类商品淘宝海报、主图、详情页的制作。

近年来，化妆、护肤类商品网购越来越普遍。这类商品虽然不像服装类商品那样独占鳌头，但是发展速度也不容小觑。

化妆、护肤类商品因为包装及自身材质的关系，在拍摄时有一定的难度，因此精修时更需要注意。这类商品后期图片如何修饰，直接影响着商品的时尚感及用户的购买欲。本项目将以这些内容为出发点，讲述护肤类商品的美化技巧。

任务一 护肤类商品的图片后期处理技巧

护肤类商品前期的拍摄很重要，后期的处理更是重中之重，因为商品材质的关系，在后期处理过程中，对光的要求更高。下面以玻璃瓶爽肤水为例说明护肤品后期处理的技巧。

1. 修正图片明暗度

调整图片的明亮度可以增强玻璃瓶爽肤水的质感，从外观上引起用户的兴趣，具体操作步骤如下。

（1）打开 Photoshop 软件，并打开需要调整的图片，选择“图像”→“调整”→“曲线”命令，如图 2-1 所示。

（2）在弹出的对话框中拖曳曲线，向上箭头方向拖曳可使图片更亮，向下箭头方向拖曳图片会调暗，调整合适后单击“确定”按钮即可，如图 2-2 所示。

此处应注意，除了“曲线”工具外，“色阶”工具也可以调整图片的明暗度。

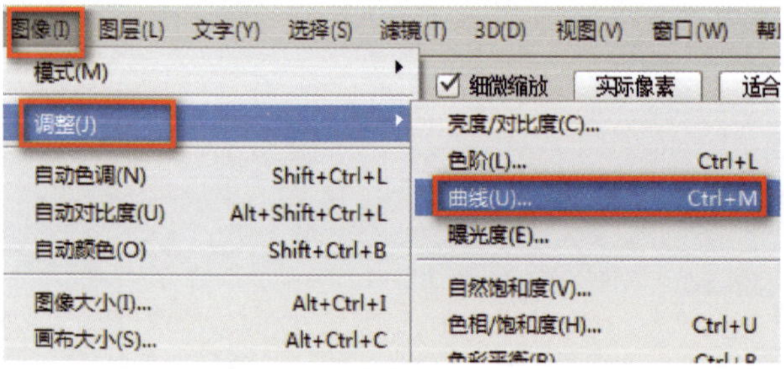

图 2-1 曲线工具

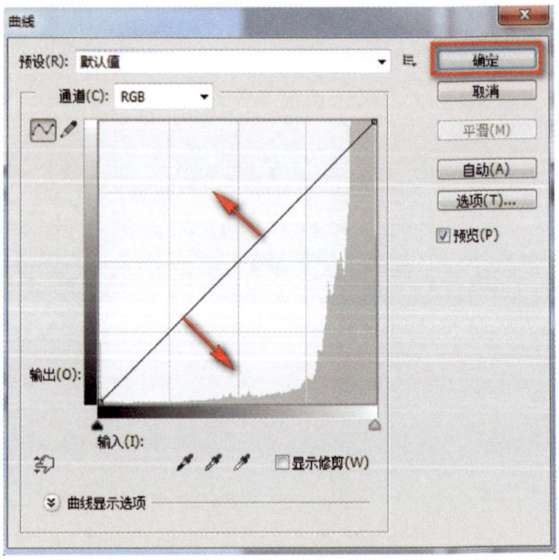

图 2-2 调整明暗度

2. 突出玻璃瓶晶莹剔透的质感

拍摄玻璃制品时，有时可能会因为拍摄光线的原因，拍摄出的照片偏暗，不能体现玻璃制品晶莹剔透的感觉。此时就可以通过后期的处理，达到理想的状态。

（1）打开准备好的图片，复制图层，将图层的混合模式更改为“滤色”，以此来提升照片的亮度，改善画面的曝光度。为了尽可能保留瓶体外观细节，还可以使用“不透明度”控制亮度的高低，如图 2-3 所示。

（2）创建“曝光度”调整图层，如图 2-4 所示。通过调整“属性”面板中的参数来提升画面明暗之间的对比度，增强玻璃的通透感，如图 2-5 所示。

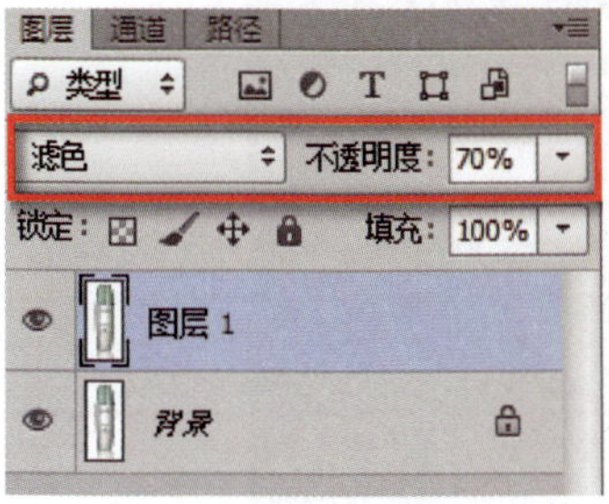

图 2-3　滤色设置

图 2-4　创建新的填充或调整图层

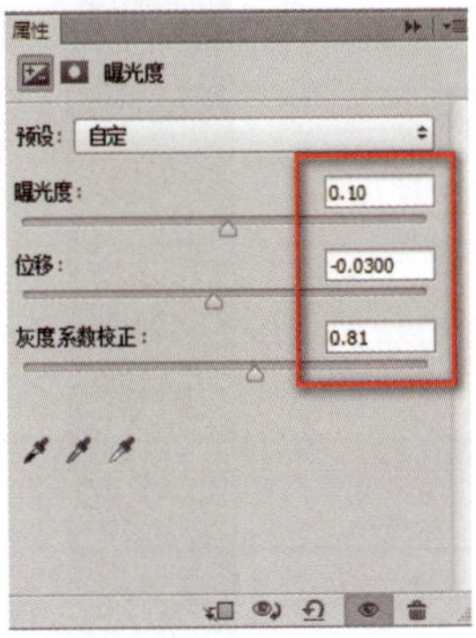

图 2-5　调整曝光度

（3）创建“曲线”调整图层，如图 2-6、图 2-7 所示，选择“预设”下拉菜单中的“增加对比度（RGB）”选项，曲线会自动变为“S”形状。此时爽肤水瓶体的层次感更强，拥有较强的立体感和透明感，如图 2-8 所示。

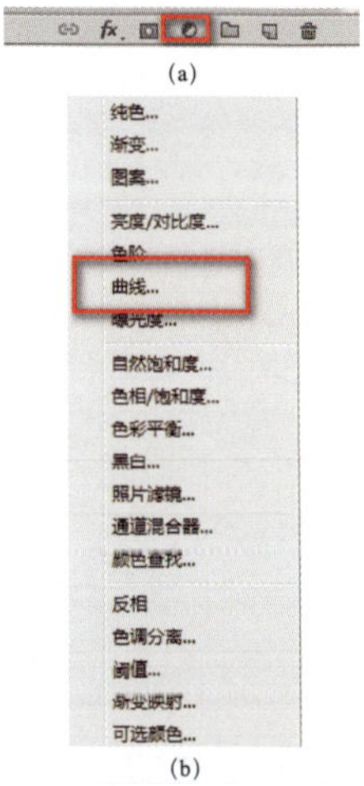

图 2-6　创建“曲线”调整图层

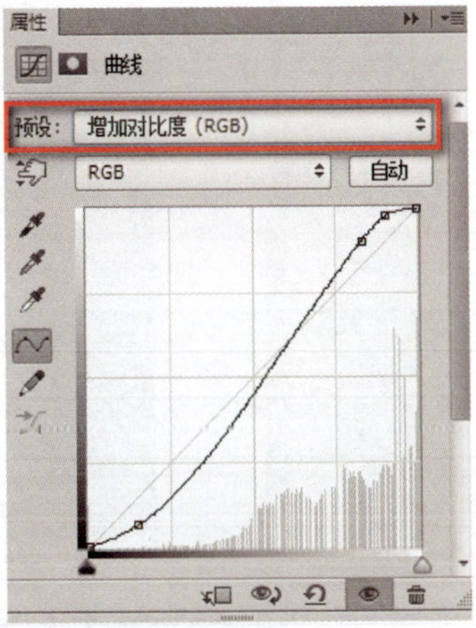

图 2-7　设置“强对比度”

图 2-8　调整前（左图）调整后（右图）

3. 硬塑料材质护肤品精修的制作

（1）打开素材图片导入 PS。可适当对原图先进行一个色温的微调，效果如图 2-9 所示。

（2）按 Ctrl+J 组合键复制一层备用。通过建立参考线观察瓶身是否竖直，可用 Ctrl+T 组合键进行微调。在自由变化中可以按住 Ctrl 键对瓶身进行微调，如图 2-10 所示。

（3）使用【钢笔工具】对原素材进行抠图，为了保证修图效果，我们对产品进行分层，将产品抠成瓶盖层和瓶身层，如图 2-11 所示。

图 2-9　导入素材

图 2-10　微调的效果

图 2-11　抠图

（4）修瑕。在这个过程中，我们需要将分层出来的瓶身和瓶盖分别进行编组，并在组上给瓶身和瓶盖分别建立蒙版。建立组上蒙版的方法为，调出瓶身或瓶盖的选区，按 Ctrl+Shift+I 组合键反选，再按 Alt 键，然后单击“添加蒙版”按钮，如图 2-12 所示。

图 2-12　建立组上蒙版

（5）复制抠出的瓶身层，使用【修补工具】将脏旧处进行修复，如图 2-13 所示。

（6）在效果器中添加“色阶”效果（快捷键为 Ctrl+L），在色阶中调整为“0、1.00、239”的数值，具体如图 2-14 所示。

（7）新建图层，使用【钢笔工具】绘制路径，根据路径再使用画笔工具进行调整，如图 2-15 所示。

图 2-13　修复脏旧处

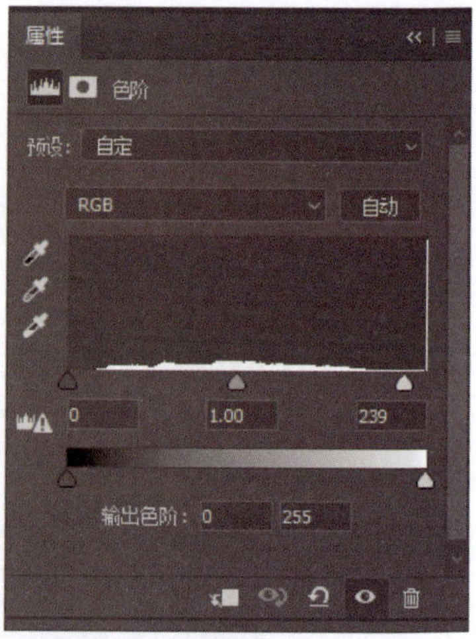

图 2-14　调整色阶

图 2-15　绘制路径

（8）选择图层，在效果器中单击“滤镜”→“模糊”→“高斯模糊”，在弹出的对话框中设置它的“半径”数值，如图 2-16 所示。

（9）使用步骤（6）、（7）相同方法绘制瓶身光影，使暗部变暗、亮部加亮，如图 2-17 所示。

（10）瓶盖的精修与瓶身的精修方法相同，先进行修瑕，再对光影进行刻画。需要注意瓶盖的部分也可进行层级的再次划分，将瓶盖的结构进行解构，单独用【钢笔工具】抠出，并对每部分的结构使用瓶身相同的修图技法，如图 2-18 所示。

（11）瓶盖的透明部分，同样使用【钢笔工具】【画笔工具】【修补工具】进行精修绘制，如图 2-19 所示。

（12）贴图。将原产品上的 LOGO 文字贴在修好的产品瓶身上。通过菜单栏中的“选择”→“色彩范围”命令进行文字层的抠取。但在一般精修中会提供文案 LOGO，提供的 LOGO 素材将更加清晰，如图 2-20 所示。

（13）完成效果对比如图 2-21 所示。

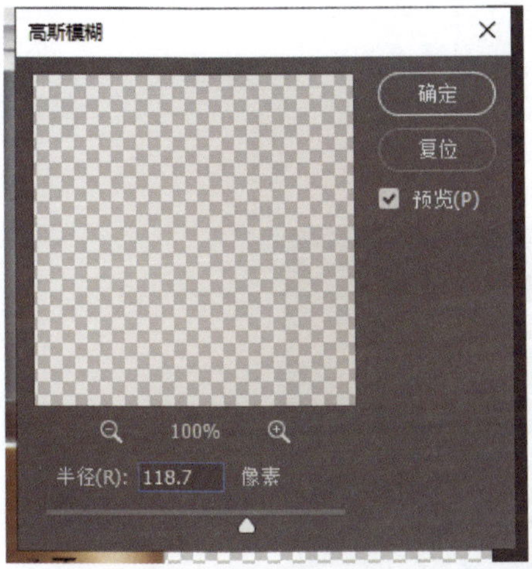

图 2-16　设置“半径”数值

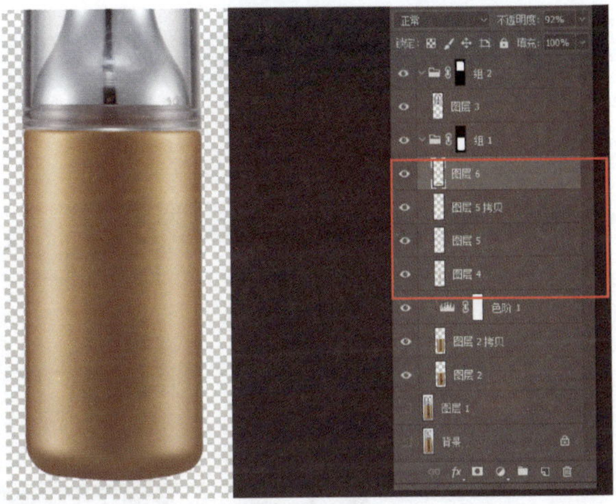

图 2-17　绘制瓶身光影

图 2-18　解构瓶盖

图 2-19　绘制瓶盖光影

图 2-20 贴图

图 2-21 完成效果对比（左为调整前，右为调整后）

任务二 护肤类商品淘宝主图的制作

1. 主图的制作要点

爽肤水主图主要包括商品主体、背景、文案、商标这几个因素。可以是商品主体 + 卖品卖点 + 品牌标志，如图 2-22 所示，这种组合方式可以简单快速地让用户了解商品；也可以

是商品主体 + 品牌标志，如图 2-23 所示，这种组合方式充分体现了品牌价值及其影响，如果是大品牌，会使浏览商品的用户感到信任，如果是不知名的品牌添加标志，则会让用户觉得商品比较正规，同时也能让用户在浏览商品的过程中逐步建立品牌认知；还可以是商品主体 + 模特 + 卖点 + 品牌标志，如图 2-24 所示，这种组合方式的优点是利用名人效应，同时无形中还能将商品的卖点扩大化；也可以是商品主体+促销信息+品牌标志，如图2-25所示，促销信息的吸引力是不容忽视的，因此可以在主图制作时适当加以安排。同时，很多主图中都标注了“线上专柜”的标志，这也是品牌效应的体现，更容易让用户产生信任感。

图 2-22　爽肤水主图 1

图 2-23　爽肤水主图 2

图 2-24　爽肤水主图 3

图 2-25　爽肤水主图 4

介绍完主图的组合形式，再来讲讲文案的设计。主图中的文案应该努力做到简洁、清楚，能够直击用户痛点。切忌大量堆积文字，让主图成为牛皮癣图片。

在主图背景设置方面，应尽量符合商品的特性。由于商品主体是主图需要重点突出的，所以在处理背景颜色与商品主体之间的关系时，就不能太过强调背景而弱化商品主体，这样只会喧宾夺主。

以上介绍的就是设计主图时应该注意的问题了，卖家在实际制作过程中应结合自己商品的特点进行设计。

2. 护肤品主图的制作步骤

（1）新建一张 800 像素 ×800 像素的画布。

（2）将背景颜色设为绿色渐变“00bea9”→“019078”，如图 2-26 所示。

（3）使用【形状工具】中的圆角矩形工具，绘制一个只有填充没有描边效果，圆角半径为“50”，颜色为“fdf4e3”的圆角矩形，大小如图 2-27 所示。

（4）使用【钢笔工具】中的锚点添加工具，在圆角矩形的每个圆角中间增加一个锚点。具体效果如图 2-28 所示。

（5）使用【钢笔工具】中的转换点工具，将增加的圆角锚点转换成尖角锚点，添加适当的参考线，使用【直接选择工具】，选中转换好的锚点，进行拖动，具体效果如图 2-29 所示。

图 2-26　设置背景颜色图

2-27　绘制圆角矩形

图 2-28　添加锚点

图 2-29　拖动锚点后的效果

（6）按 Ctrl+Enter 组合键建立钢笔路径的选区，新建图层，在新建图层上单击菜单栏中的“编辑”→“描边”命令，将描边颜色改为“fcdf83”，宽度为“8”像素。效果如图 2-30 所示。

（7）给描边图层添加投影效果，具体参数如图 2-31 所示。

（8）使用【形状工具】中的圆角矩形工具绘制一个圆角矩形，在“图层样式”对话框中选择“渐变叠加”，具体参数设置如图 2-32 所示。

（9）对这个圆角矩形重复步骤（4）到步骤（5）的操作，具体参数设置如图 2-33 所示。

（10）双击图层的图层样式，叠加“描边”效果，描边“像素”为“5”，颜色为“fcdf83”，具体参数设置如图 2-34 所示。

（11）复制该图层，将图层位置下移，关掉图层样式中的描边效果。使用【移动工具】进行位置的调整，效果如图 2-35 所示。

（12）使用【形状工具】中的圆角矩形工具和椭圆工具绘制一个形状，并将两个图层同时选中，按 Ctrl+E 组合键进行图层合并，如图 2-36 所示。

（13）给图层添加“渐变叠加”图层样式，颜色为“f84c34”→“c80604”，参数设置如图 2-37 所示。

（14）添加投影效果和描边，描边像素为“3”像素，如图 2-38 所示。

（15）绘制一个颜色为“ec1208”的圆角矩形，并添加“描边”效果，像素为“3”，参数设置如图 2-39 所示。

（16）绘制两个同心圆，一个颜色为“057368”，一个颜色为“4a9a91”，对下面一层的圆进行“描边”效果的叠加，像素为“3”，如图 2-40 所示。

（17）将产品精修中修好的护肤品拖到画布中的合适位置，并给其绘制一个简单的投影，如图 2-41 所示。

（18）将文案按照层级关系进行输入，完成出图，如图 2-42 所示。

图 2-30　建立选区并新建图层

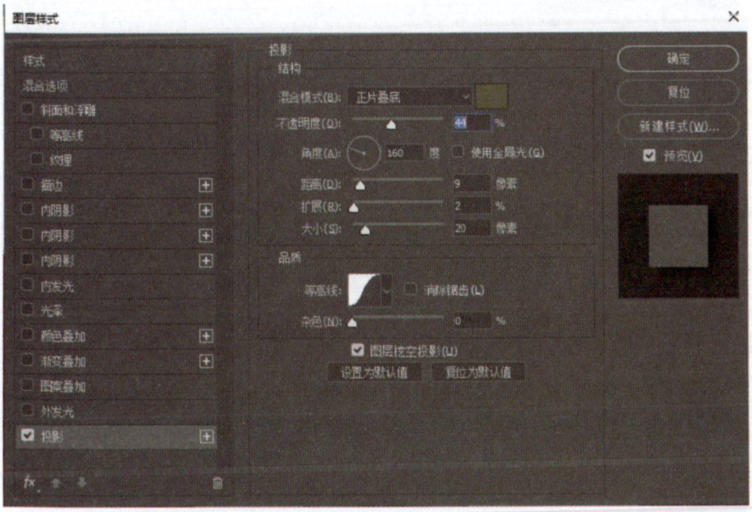

图 2-31　投影效果具体参数

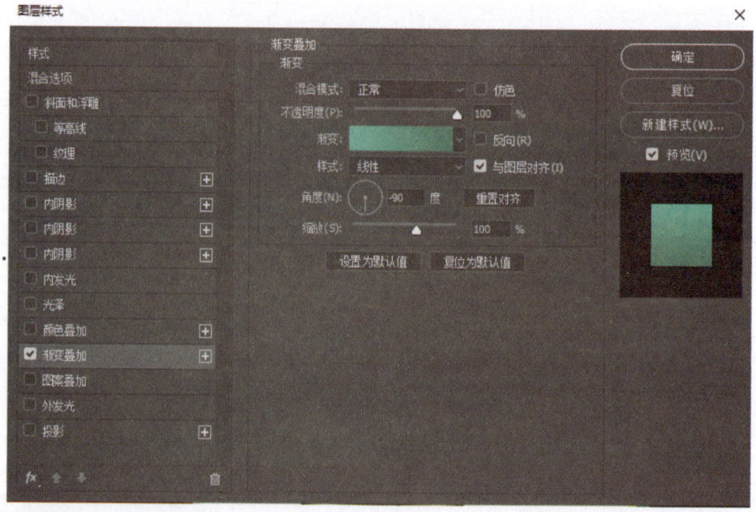

图 2-32　渐变叠加

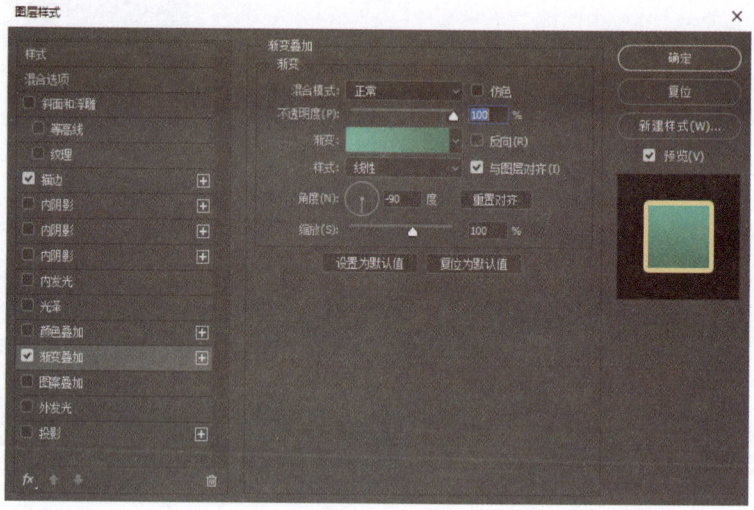

图 2-33　具体设置参数—步骤（9）

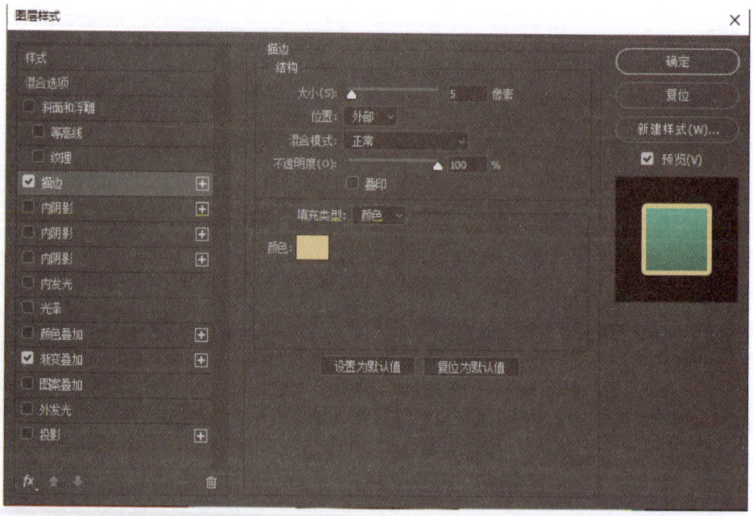

图 2-34　具体设置参数—步骤（10）

图 2-35 具体效果—步骤（11）

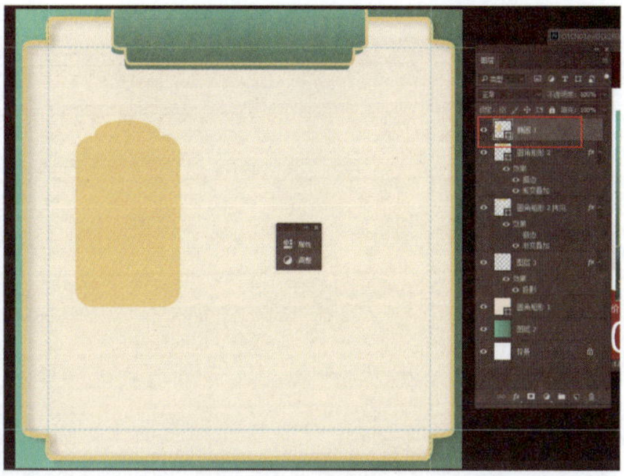

图 2-36 合并图层

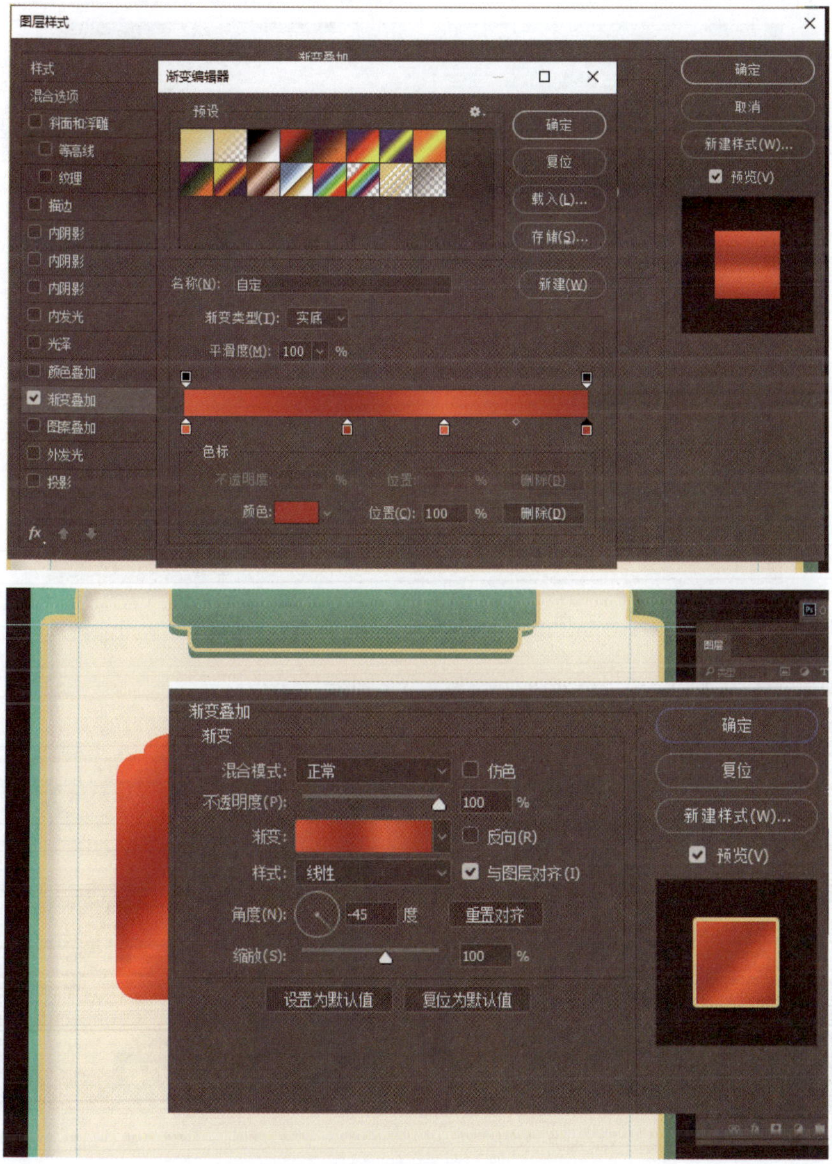

图 2-37 具体参数—步骤（13）

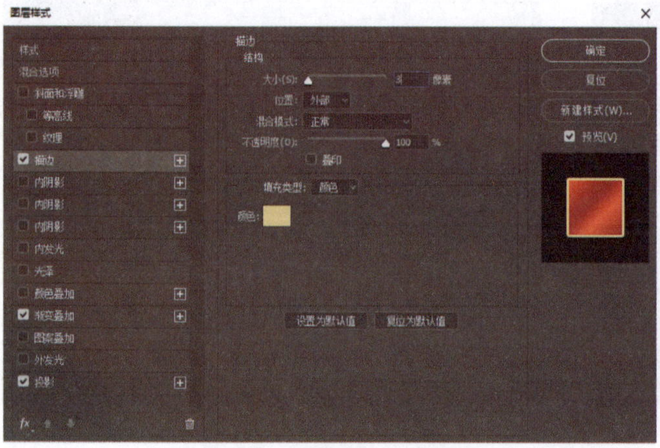

图 2-38　添加投影效果和描边

图 2-39　具体效果—步骤（15）

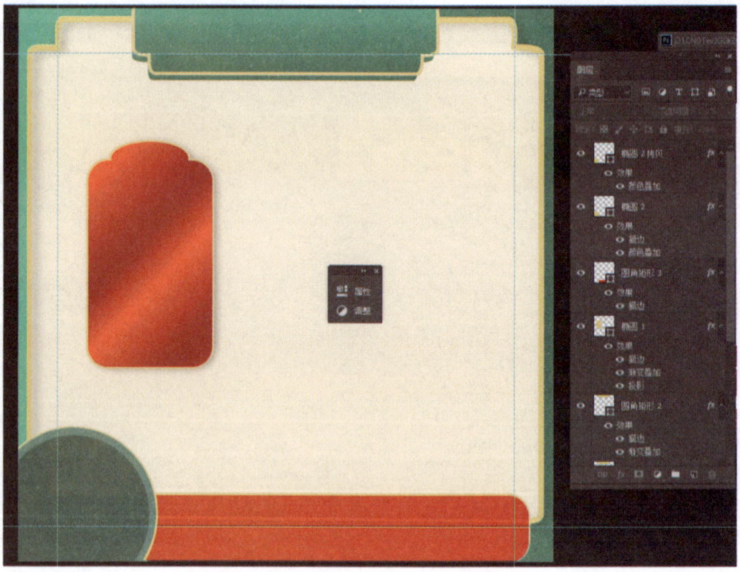

图 2-40　具体效果—步骤（16）

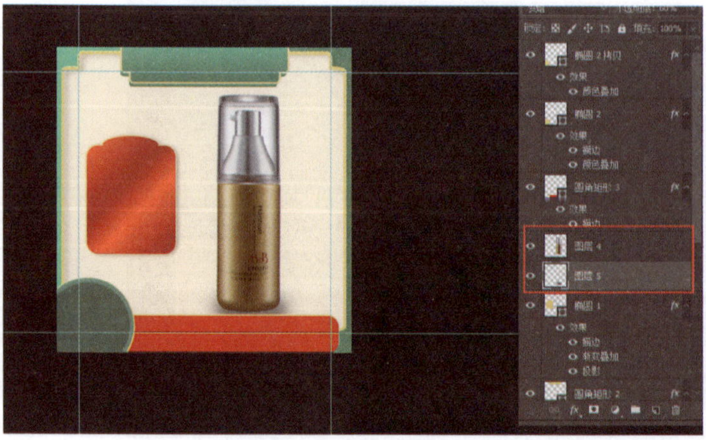

图 2-41　加入产品图

图 2-42　最终效果图

任务三 护肤类商品淘宝海报的制作

1. 海报制作的要点

不同于彩妆海报张扬的特点，护肤品海报相对低调一些，主要目的是展示商品卖点，如滋润、保湿、抗皱等特性。因此在制作护肤品海报时，要表现出护肤品本身的高档、奢华的特性，如果有模特，那么对模特面部皮肤的要求也比较严格。下面以玻璃瓶爽肤水为例，介绍护肤品海报的制作要点。

（1）商品主体。护肤品海报的商品主体图片一定要显得大气，尽可能详尽地展示出瓶身的商品信息，而且图片一定要体现出光、透、亮的感觉，从视觉上打动用户。如图 2-43、图 2-44 所示，图中爽肤水瓶体晶莹透亮，给人强烈的视觉冲击。

图 2-43　爽肤水海报 1

图 2-44　爽肤水海报 2

（2）背景元素。背景也是构成海报的重要元素之一，好的背景，不仅可以烘托出商品主体，还可以增加海报的美感，因此，制作爽肤水海报时应把握好整体色调的和谐，如图 2-43、图 2-44 所示，背景色都很好地和商品主体相呼应。

（3）文案。文案是对商品主体的进一步说明，海报文案应该尽力做到简洁，并可以直击用户痛点。

除了上面讲到的几个问题，制作爽肤水海报时还应该注意构图问题，构图要把握住“美”这一原则。

2.“双十一”促销型护肤品海报的制作

（1）新建一张 1920 像素 ×800 像素的画布。

（2）填充颜色为“7f0614”的背景色。

（3）绘制一个填充颜色为“a18a58”，圆角半径为“50”的圆角矩形。使用【锚点添加工具】在圆角矩形的上端圆角处添加两个锚点，切换到【直接选择工具】拖动新添加的4个锚点，变成天猫猫头形状，效果如图2-45所示。

（4）复制该图层，将颜色更改为“f2e4cd”，并使用【移动工具】下移5个像素，如图2-46所示。

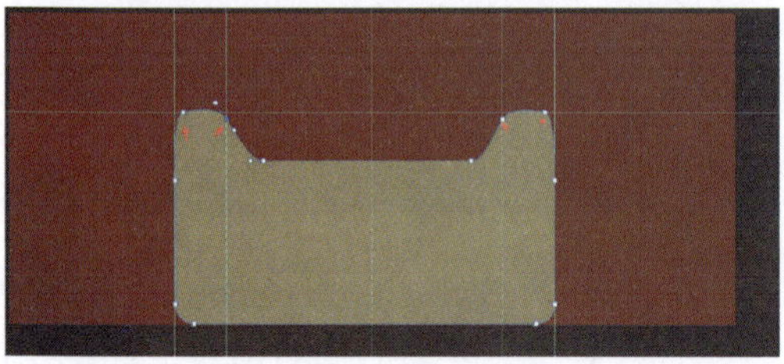

图2-45　效果图—步骤（3）

图2-46　效果图—步骤（4）

（5）将素材“金粉”拖入画布，注意图层顺序，如图2-47所示。

（6）使用【形状工具】绘制一个正圆，颜色填充为背景底色。

（7）“新建”图层，使用【选框工具】绘制一个矩形选区，颜色填充为“e2c0a5”，在保持选区的状态下进行复制，效果如图2-48所示。

（8）将步骤（7）的图层嵌套进步骤（6）的正圆中，按Ctrl+T组合键自由变化旋转一下，将两个图层全选，移动到“背景”图层的上一层。效果如图2-49所示。

图2-47　拖入素材“金粉”

图2-48　效果图—步骤（7）

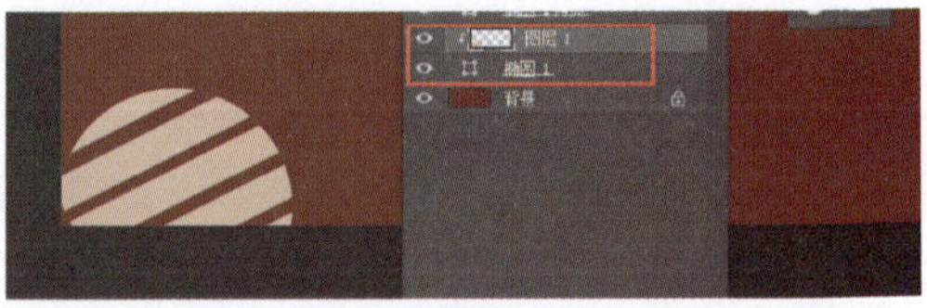

图2-49　效果图—步骤（8）

（9）复制几个步骤（8）中的图层，缩放大小后放到合适的位置，并把素材“彩带”“金叶”放到画布的合适位置。效果如图2-50所示。

（10）使用【形状工具】中的直线工具和椭圆工具，填充颜色为“e2c0a5”，绘制小彩灯。按Ctrl+E组合键将两层合并，并复制若干个，调整好位置，可将所有小彩灯图层按Ctrl+G组合键进行编组，如图2-51所示。

（11）新建图层，使用【钢笔工具】在画布下方绘制波浪形的图案，效果如图2-52所示。

（12）将素材“海报素材01”拖入波浪型图层的上方，实行嵌套效果，如图2-53所示。

（13）重复步骤（10）、（11），再绘制一层波浪效果，如图2-54所示。

图2-50　效果图—步骤（9）

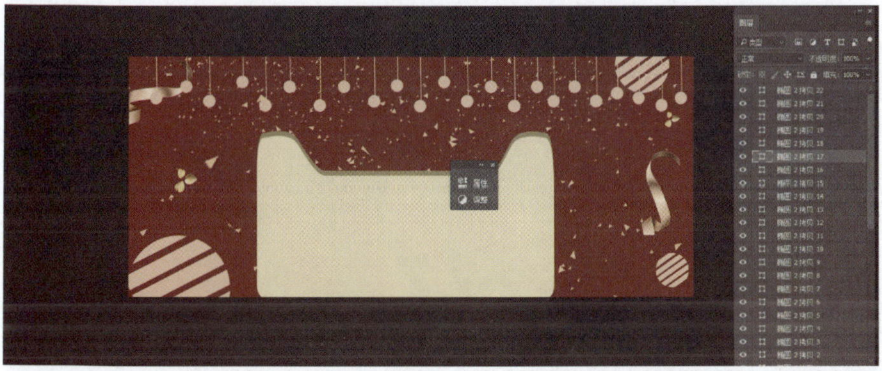

图2-51　效果图—步骤（10）

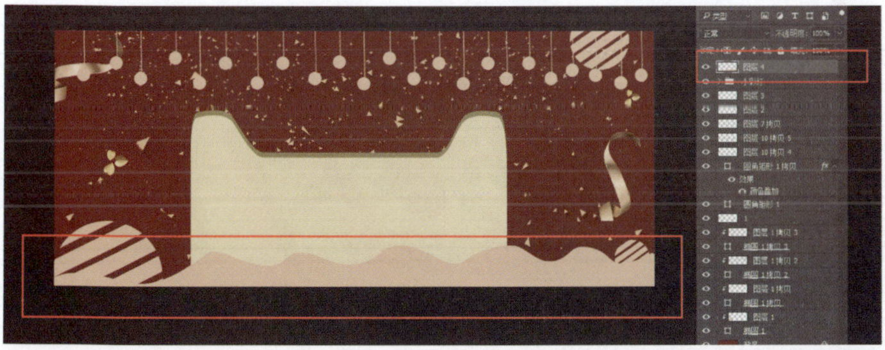

图2-52　效果图—步骤（11）

图2-53　效果图—步骤（12）

图 2-54　效果图—步骤（13）

（14）将“海报素材 2”拖入画布，放在合适位置，效果如图 2-55 所示。

（15）将背景中的金粉复制一层，嵌套进文案图层内，效果如图 2-56 所示。

（16）将准备好的相关护肤品的素材拖入波浪图层内，完成海报的制作，如图 2-57 所示。

图 2-55　效果图—步骤（14）

图 2-56　效果图—步骤（15）

图 2-57　最终海报

任务四　护肤类商品淘宝详情页的制作

1. 详情页的制作要点

详情页中的常见版块包括：收藏关注 + 优惠券、焦点图、推荐热销商品、商品详情、模特图、场景图、商品细节图、同类商品对比图、买家秀或信誉展示图、搭配推荐、购物须知、品牌文化简介等内容。

详情页就像实体店铺中的导购员，过于死板的信息说明就像是态度过于生硬的推销员，会让用户产生反感情绪，甚至关掉详情页面。因此，制作详情页时，应该做得生动些，切忌生硬死板。卖家可以根据自己店铺的实际情况选择详情页版块内容。

护肤品类商品详情页大多包含这几部分：关联营销、商品文字详情说明、商品细节说明、目标用户、商品优势等。

（1）关联营销。关联营销是爽肤水常用的版块，爽肤水是人们护肤的第一种商品，后面会用到精华、面霜、防晒等商品，因此在制作爽肤水详情页的时候，卖家一般都会加入精华、面霜、防晒等商品的关联营销或者是成套商品的关联营销，如图 2-58 所示。设置这种关联营销后，有相关需求的用户会单击查看，从而提高整个网店的客单价。

（2）商品文字详情说明。区别于其他商品，护肤类商品制作详情页时也会融入商品文字详细说明，如产地、保质期、适用年龄、主要成分等，不同于商品详情页中的图片介绍，这里将所有内容集中在一起，更加便于用户全面了解商品信息，如图 2-59 所示。

图 2-58　关联营销

图 2-59　商品文字详情说明

（3）商品细节说明。爽肤水的细节说明也呈现出不同的特点，如瓶子材质，是玻璃材质或是塑料材质；使用方式，是直接倒取式的还是按压泵式的；商品黏稠度的展示等，如图 2-60 至图 2-62 所示。这些细节展示，不仅可以让用户了解商品详情，还可以让用户了解商品人性化的设计。有时候仅仅在设计方面的差异性就可以获取或者流失一个用户，因此在商品细节展示方面应该尽可能详细，并重点突出商品的优点。

（4）目标用户。与其他商品不同，购买护肤品类商品的用户通常是带着保湿、美白、抗皱这些诉求去寻找商品的。如果在详情页制作过程中预设目标用户，被用户选中的机会就会多一些。如图 2-63 所示，图中列举的这几类目标用户，几乎包含了所有爱美的女性，当用户看到图中的目标用户时，总能从中找到一点自己的影子，购买商品的概率就会增大。

（5）商品优势。要抓住用户的眼球，让其在琳琅满目的爽肤水中选择卖家的商品，就需要在详情页中将商品的优势进行说明。例如，可以从商品的制作原料、使用效果测试等出发进行说明，如图 2-64、图 2-65 所示。这些数据和资料直接表明商品的科技含量及其功效，也更能说服用户做出选择。

图 2-60 商品细节图 1

图 2-61 商品细节图 2

图 2-62 商品细节图 3

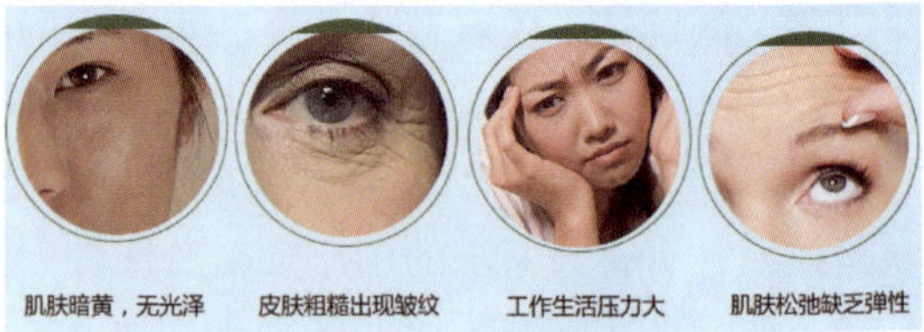

图 2-63 目标用户

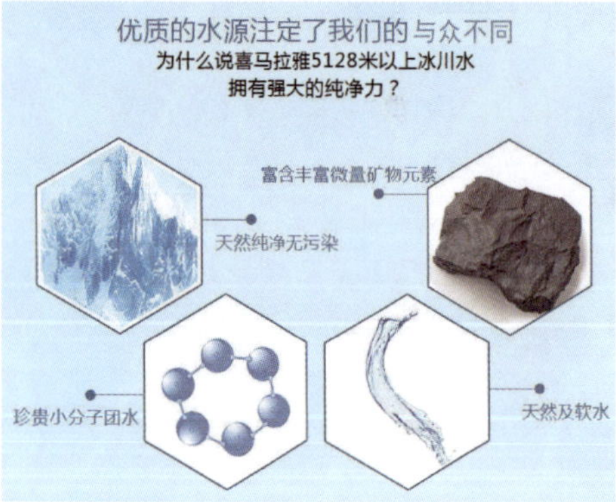

图 2-64 商品优势

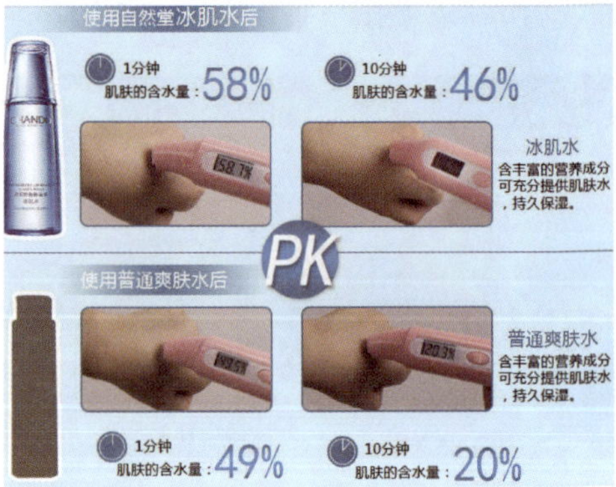

图 2-65 专业商品效果测试

（6）使用方法。同样的护肤品使用不同的方法，最终的效果也是不同的。如果能在详情页中加入使用方法，不仅能够体现品牌的专业性，而且能更好地帮助用户使用商品，如图 2-66 所示。

图 2-66 商品使用方法介绍

（7）品牌详情。在详情页中加入品牌简介，用户通过对品牌的深入了解，可以增强对商品的信任感。如图 2-67、图 2-68 所示，通过对线下专柜及品牌发展历程的简介，可以打破用户对品牌仅仅是“著名品牌”的简单认知，增强品牌的影响力。

至此，护肤品的详情页就讲完了，卖家只需按照上面讲到的知识点在 Photoshop 中将所需的图片处理好，然后登录卖家账号，进入后台，运用“淘宝神笔”工具制作出详情页即可，具体操作可参看项目一相关内容。

图 2-67　品牌详情 1

图 2-68　品牌详情 2

2. 护肤品详情页的制作

（1）新建画布，建议最初可以先将高度设置为 10000 像素，在之后作图中如果画布高度不够，可使用【裁剪工具】或菜单栏中的“图像”→“画布大小”命令进行高度调整。

（2）将“头图背景素材”拖入画布，缩放到合适大小，如图 2-69 所示。

（3）新建图层，使用【选框工具】，在头图背景左右各绘制一道相同宽度的黑色矩形，并使用菜单栏中的“滤镜”→“模糊”→“高斯模糊”命令，参数调到 4 以上，做出如图 2-70 所示的效果。

图 2-69　拖入“头图背景素材”

图 2-70　具体效果—步骤（3）

（4）将素材“01”打开，并使用【钢笔工具】抠图，将抠好的产品图放于头图背景上，对产品进行【图层样式】→【投影】效果的添加，具体参数设置如图 2-71 所示。

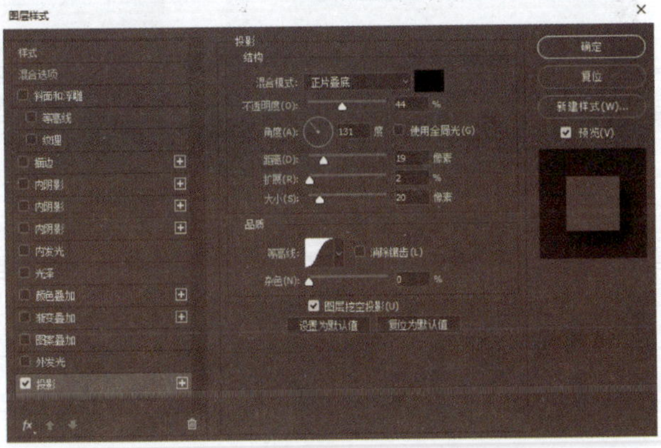

图 2-71　具体参数设置—步骤（4）

（5）添加头图海报文案，如图 2-72 所示。

（6）使用【形状工具】中的椭圆工具，绘制一个无填充仅描边的圆，描边像素为“3”，绘制完成后，将该图层进行栅格化，由形状变为普通图层。使用【选框工具】，选取圆形中间部分进行删除，得到效果如图 2-73 所示。

（7）将该图层进行复制，注意图层间的相对位置，写入文案。头图海报制作完成，如图 2-74 所示。

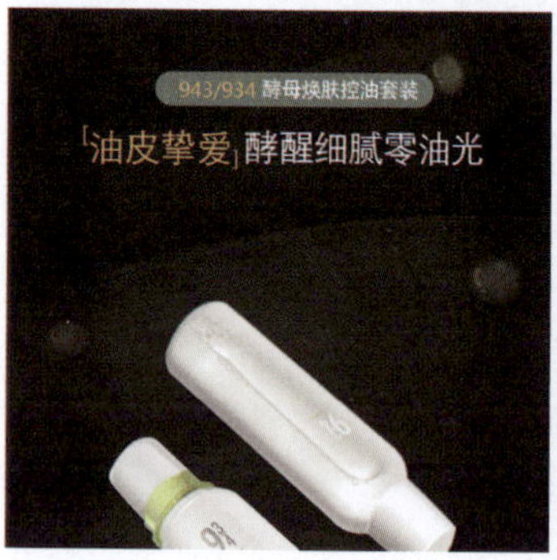

图 2-72 添加文案

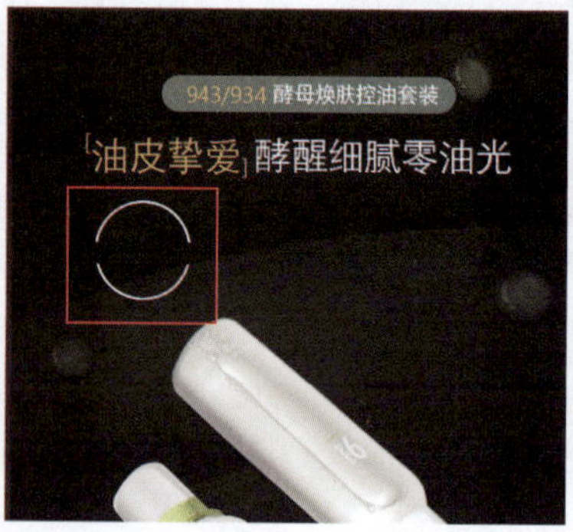

图 2-73 具体效果—步骤（6）

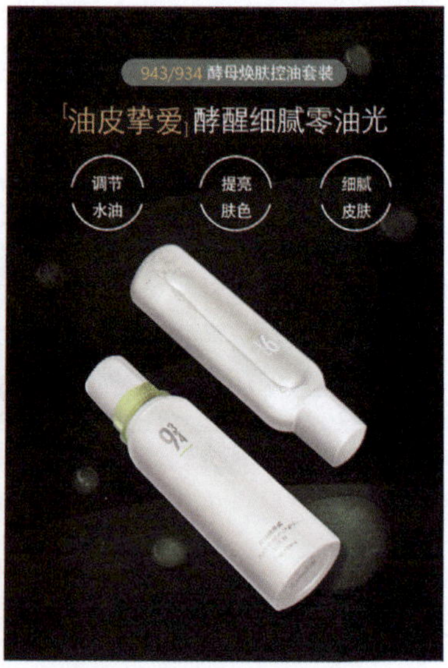

图 2-74 头图海报

（8）使用【钢笔工具】绘制形状，颜色填充为“57867d”，效果如图 2-75 所示。

（9）复制一层步骤（7）中的图层，向上移动 10 像素，将向下一层的图层颜色改为渐变，渐变颜色分别为“9e7e59”“ad8f6b”“997752”“ac8f6b”“997752”“ac8f6b”“997752”“ad8f6b”“9e7e59”，参数设置及渐变效果如图 2-76 所示。

图 2-75 绘制形状

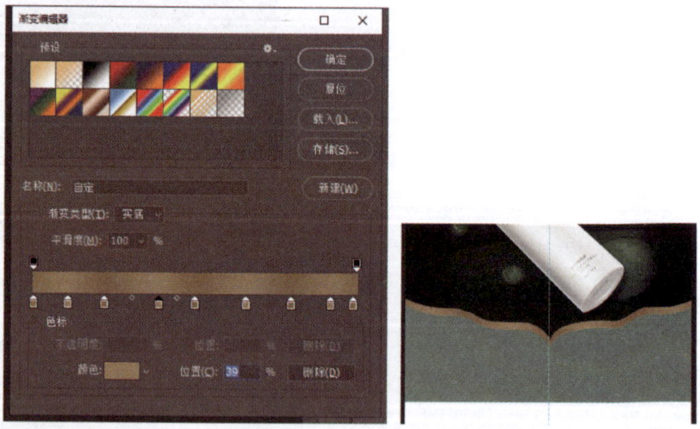

图 2-76 参数设置及效果图—步骤（9）

（10）绘制一个矩形，并在四角减去 4 个相同大小的圆，填充颜色为“4c8171”，描边为渐变，颜色设置参考步骤（9），参数设置及效果如图 2-77 所示。

（11）将素材“02”嵌套进形状中，参数设置及效果如图 2-78 所示。

（12）在步骤（10）的图层的下层，绘制一个与步骤（10）相同参数的矩形，描边像素比步骤（9）中的小一点。调整好位置，效果如图 2-79 所示。

（13）添加装饰。装饰素材使用【形状工具】中的直线工具进行无填充仅描边的设置，设置“描边”选项为虚线，效果如图 2-80 所示。

（14）添加相关文案，如图 2-81 所示。

（15）在下方绘制 3 个相同的形状，绘制方法如步骤（10），填充为渐变“13443a”“295c52”“13443a”，并填充文案，放入“素材组”中的素材，效果如图 2-82 所示。

（16）在下方绘制一个颜色为“f4f4f4”的矩形，添加相关文案和“素材组”素材，效果如图 2-83 所示。

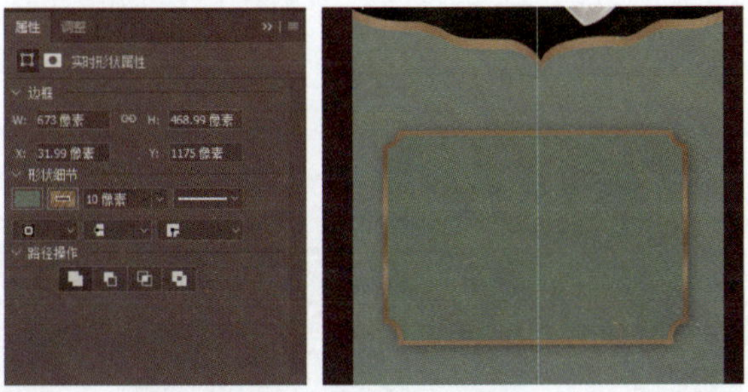

图 2-77　参数设置效果图—步骤（10）

图 2-78　效果图—步骤（11）

图 2-79　效果图—步骤（12）

图 2-80　效果图—步骤（13）

图 2-81　添加文案

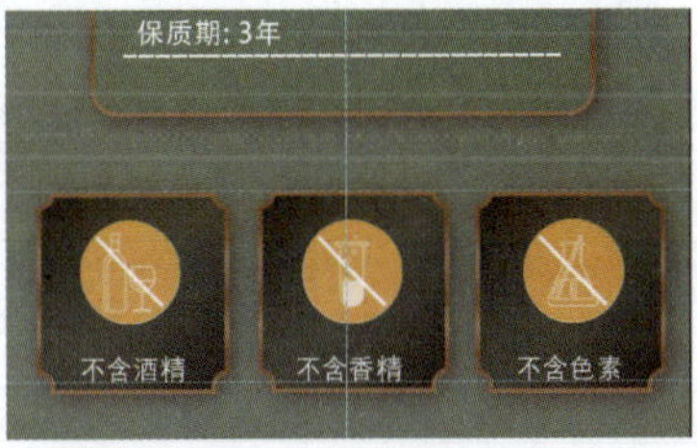

图 2-82　效果图—步骤（15）

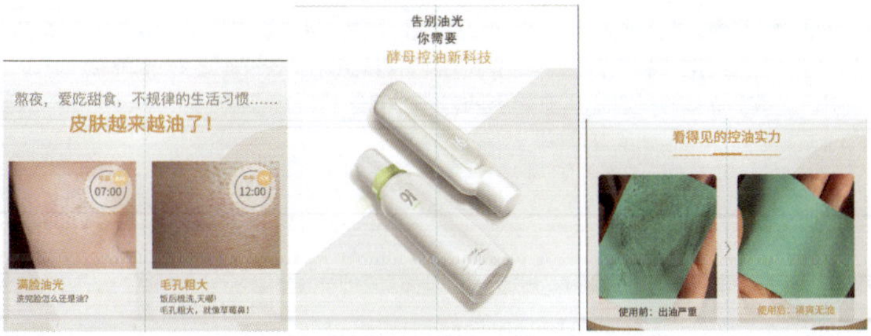

图 2-83　效果图—步骤（16）

（17）先复制步骤（8）中的形状，并移动到合适的位置，然后复制产品信息文案组，改为“产品卖点”，效果如图 2-84 所示。

（18）绘制一个只有描边的矩形，栅格化后，使用【选框工具】，将描边矩形下方删除掉一部分，效果如图 2-85 所示。

（19）添加相关文案和“素材组”中的素材，效果如图 2-86 所示。

（20）使用步骤（17）（18）相同方法绘制剩下两个产品卖点，效果如图 2-87 所示。

（21）制作用户体验模块、使用步骤模块、原料供应模块和产品直排模块，方法同上，不在此赘述，效果如图 2-88 所示。

（22）在详情页的最后一个模块中，添加一部分售后服务模块，完成所有制作，效果如图 2-89 所示。

图 2-84　效果图—步骤（17）

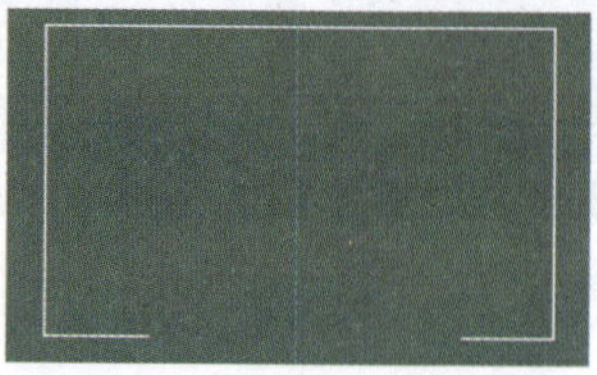

图 2-85　效果图—步骤（18）

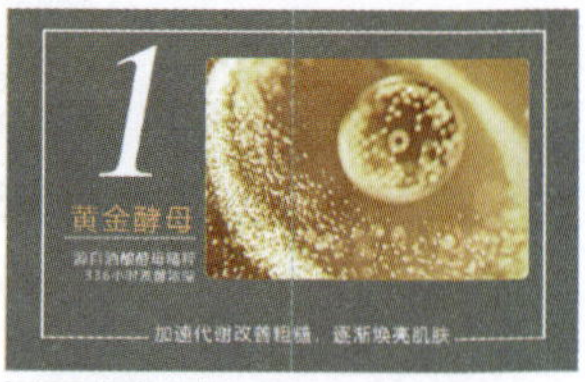

图 2-86　效果图—步骤（19）

图 2-87　效果图—步骤（20）

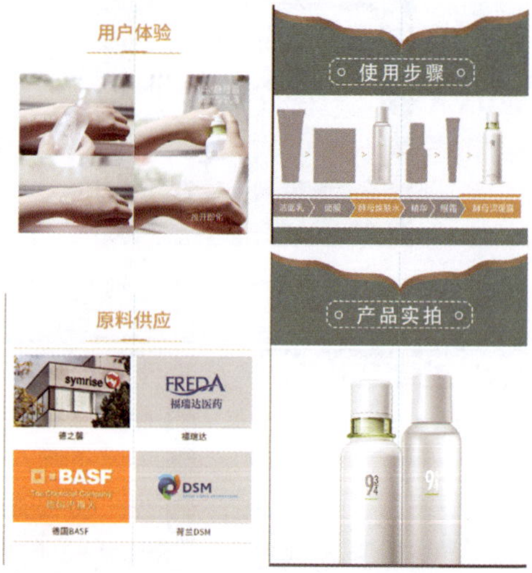

图 2-88　效果图—步骤（21）

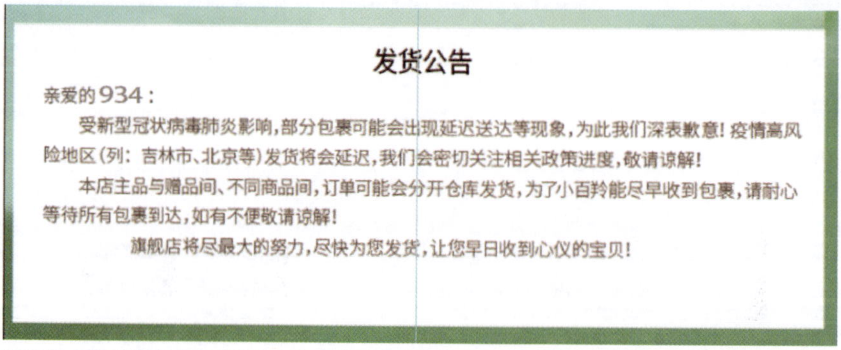

发货公告

亲爱的934：

受新型冠状病毒肺炎影响，部分包裹可能会出现延迟送达等现象，为此我们深表歉意！疫情高风险地区（列：吉林市、北京等）发货将会延迟，我们会密切关注相关政策进度，敬请谅解！

本店主品与赠品间、不同商品间，订单可能会分开仓库发货，为了小百羚能尽早收到包裹，请耐心等待所有包裹到达，如有不便敬请谅解！

旗舰店将尽最大的努力，尽快为您发货，让您早日收到心仪的宝贝！

图 2-89　售后服务模块

【同步实训】

一、实训概述

本项目实训为化妆护肤类商品的后期制作，学生通过本项目的学习，能够掌握化妆、护肤类商品拍摄与后期处理的具体方法和技巧，并能完成商品的海报、详情页与主图的设计和制作。

二、实训素材

（1）装有 Photoshop 软件的计算机。

（2）化妆、护肤类商品，相机等。

三、实训内容

任务　护肤类商品拍摄与美化

步骤 1：学生利用 Photoshop 对拍摄成果进行后期美化处理。

步骤 2：学生根据商品特点完成主图、海报及详情图的设计与制作。

四、考核评价

表 2-1　考核评价表

<table>
<tr><td>项目名称</td><td colspan="5">化妆、护肤类商品</td></tr>
<tr><td>任务完成方式</td><td colspan="5">小组协作完成
个人独立完成</td></tr>
<tr><td>评价项</td><td colspan="4">评价点</td><td>总分值</td></tr>
<tr><td>护肤类商品拍摄与美化</td><td colspan="4">（1）能否对拍摄成果进行恰当的后期美化处理（50 分）
（2）能否设计并制作出符合护肤类商品要求的主图、海报及详情页（50 分）</td><td>100 分</td></tr>
<tr><td colspan="6">本主题学习单元成绩：</td></tr>
<tr><td>自我评价（20%）</td><td></td><td>小组评价（20%）</td><td></td><td>教师评价（60%）</td><td></td></tr>
<tr><td colspan="6">存在的主要问题</td></tr>
</table>

【巩固与提高】

一、单选题

1. 下列（　　）工具不能为商品调整色调。

   A. 裁切　　B. 曲线

   C. 曝光度　D. 色阶

2. 主图的默认尺寸是（　　）。

   A. 950 像素 ×300 像素　B. 800 像素 ×800 像素

   C. 800 像素 ×700 像素　D. 500 像素 ×500 像素

3. 关于护肤品拍摄时主光的运用，下列说法中错误的是（　　）。

   A. 宝贝吸收的主要光源

   B. 它的位置决定图片的光感

   C. 灯芯不一定要对准宝贝

   D. 主光位置为侧逆，拍出来的护肤品瓶体通透、充满质感

二、简答题

护肤品详情页常见的版块有哪些？

三、实操题

教师提供一组由于拍摄不当导致彩妆商品色调偏暗的素材，学生根据教师的素材进行图片的后期修正，完成后以小组形式进行互评。

项目三
数码类商品

【学习目标】

知识目标：

（1）掌握数码类商品后期处理时所用到的方法。

（2）熟悉数码类商品海报、主图及详情页的相关技巧知识。

能力目标：

能够完成数码类商品的海报、主图、详情页的制作。

《2016年中国自营式企业网购分析报告》显示，在中国自营式企业网购市场的刚需品类中，数码和计算机整机产品最受欢迎。2016年上半年，数码类和计算机整机这两大类可以占到总市场的57%。其中，数码类产品占到总市场的28.8%，计算机整机类产品占到28.2%。从报告中，我们可以看出网购数码类商品逐渐成为了人们日常生活的常态，但相比起其他品类的商品，在拍摄与美化的过程中，由于某些数码商品的材质比较特殊，其在呈现上的要求要更高一些。

本项目将根据数码类商品中的手机商品类的特点，从商品拍摄与美化的角度讲述以手机为代表的数码类商品从拍摄到美化的一系列流程，以及数码类商品拍摄与美化的具体方法和技巧。

任务一 手机类商品的图片后期处理技巧

手机类商品的后期处理与笔记本电脑类商品的处理方式基本是一致的，都需要在表现出商品材质的同时，加强商品的光影对比。但相比起笔记本电脑类的商品，手机类商品在处理时要更着重表现手机类商品的细节部位。

图3-1 抠图

（1）在Photoshop中打开一张拍摄好的手机类商品图，首先用【钢笔工具】对图片进行背景的抠图处理，如图3-1所示。

（2）新建一个图层，填充白色，并放在手机图层的下方，如图3-2所示。

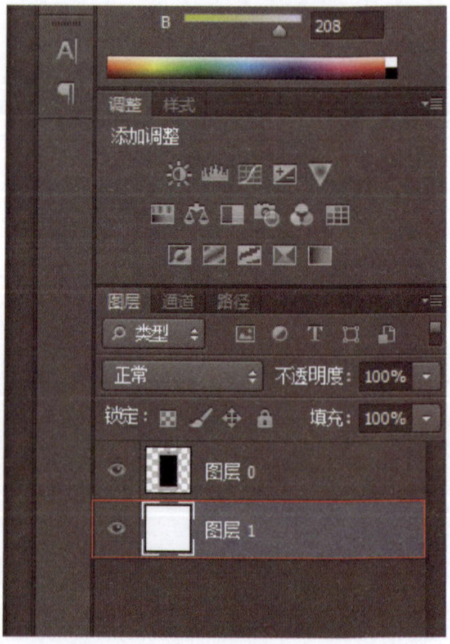

图3-2 效果图—步骤（2）

（3）用【椭圆工具】和【圆角矩形工具】绘制手机听筒和摄像头结构，填充黑色，再适当羽化，让形状过渡自然，如图3-3所示。

（4）用【椭圆工具】绘制两个圆形，黑色在下，白色在上，并适度羽化，参数设置如图3-4所示。

（5）用【矩形工具】画出屏幕和钢化膜的形状，分别填充黑色和白色，效果如图3-5所示。

（6）把准备好的图片素材拖入PS，按住Alt键和鼠标左键嵌入屏幕图层，调整好角度，图层面板如图3-6所示。

（7）选中钢化膜的图层，新建一图层置于下方，填充灰色，再调低不透明度，制作出钢化膜的厚度，参数设置如图3-7所示。

（8）用钢笔沿手机周围绘制一个投影图层，再用“高斯模糊”功能进行适当模糊，调整不透明度，具体参数设置如图3-8所示。

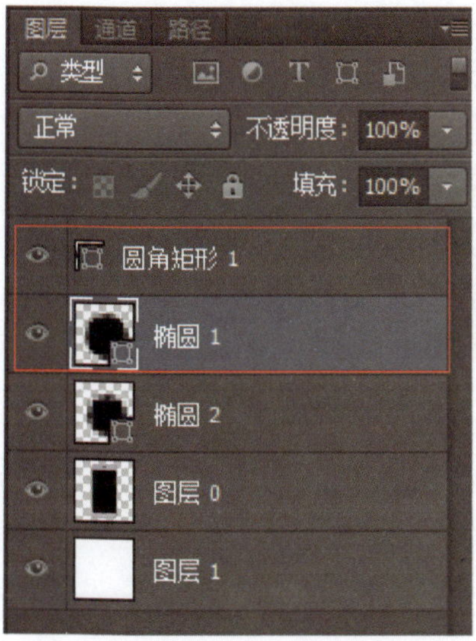

图 3-3 图层—步骤（3）

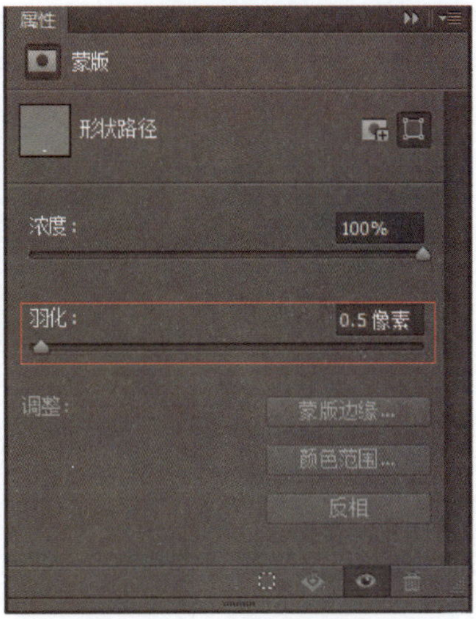

图 3-4 参数设置—步骤（4）

图 3-5 效果图—步骤（5）

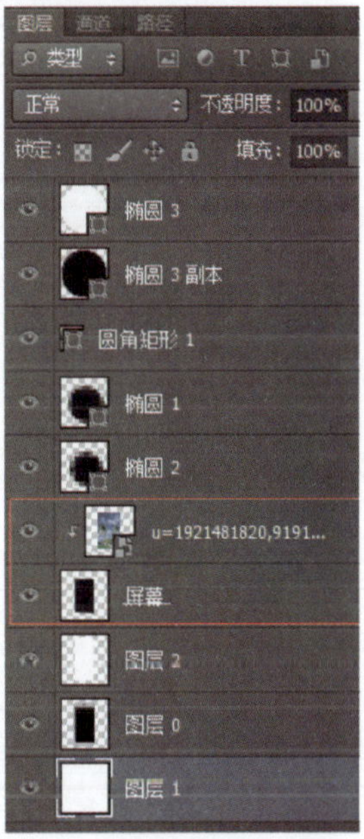

图 3-6 图层面板—步骤（6）

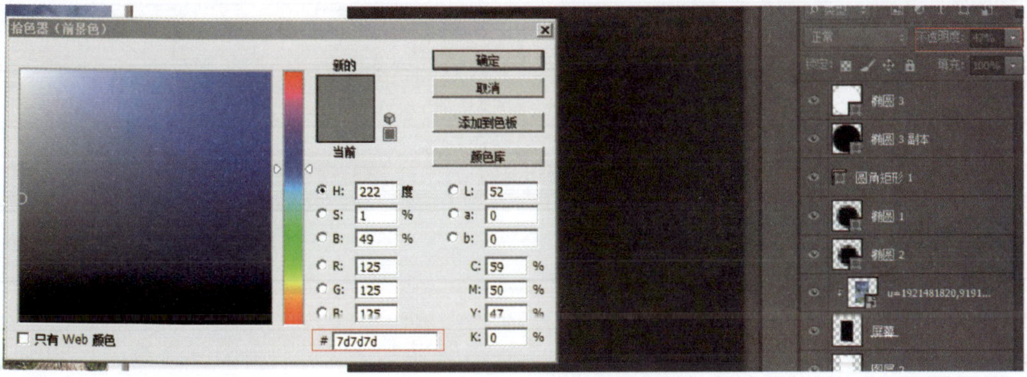

图 3-7 参数设置—步骤（7）

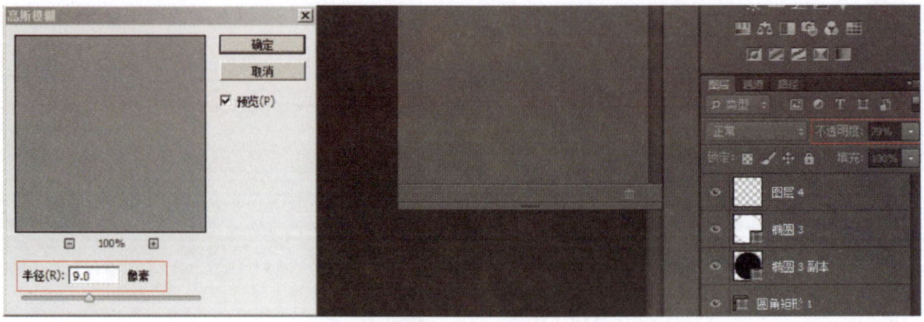

图3-8　参数设置—步骤（8）

（9）给手机屏幕绘制一个反光面，调整不透明度，再用“高斯模糊”进行适当模糊，具体参数设置如图 3-9 所示。

（10）最终对比图如图 3-10 所示。

图 3-9　具体参数—步骤（9）

图 3-10　最终对比图

任务二　手机类商品淘宝海报、主图、详情页的设计

1. 手机主图设计

在进行主图设计的时候，应该多站在消费者角度思考。合格的主图应具备图片明晰、尺寸合理、适合屏幕显示等要点。在设计主图时，要灵活地将店铺亮点展示在主图上。在价格

差不多的情况下，同样的手机商品，在主图上表现了卖点的宝贝一般销售量也会比其他的多些。

相比起笔记本电脑的主图，手机的主图更重要的是将手机的形态特点更直观地传递给买家，因此在设计手机主图时，可利用手机的每个面来制作出一张具有诱惑力的手机商品主图。但平面中的手机商品图容易失去立体感，面对这个情况，可以通过为手机商品图片添加投影，重新塑造手机商品的质感。

但这样的主图还不足以让买家心动，为了更进一步加强主图的诱惑力，主图在表现商品时应呈现卖点描述，添加相关的标签元素，相关标签有如“热卖”“促销”“赠品”等，卖点表述可呈现在图片的底部，如图 3-11 所示。

图 3-11 手机类主图

2. 手机主图的设计及制作步骤

（1）新建一个 800 像素 ×800 像素的画布，背景颜色为白色。

（2）选择精修好的手机图片，由于本次制作都为白底，所以不进行抠图制作，调整好手机在画布中的尺寸，如图 3-12 所示。

图 3-12 选择精修手机图片

（3）本次主图中须有产品、背景、LOGO、价格、文案等 5 种素材，先进行产品 LOGO 的设计。新建图层，使用【矩形工具】在图层上绘制一个空心矩形，填充红色（#f70d6e），颜色参数设置如图 3-13 所示。

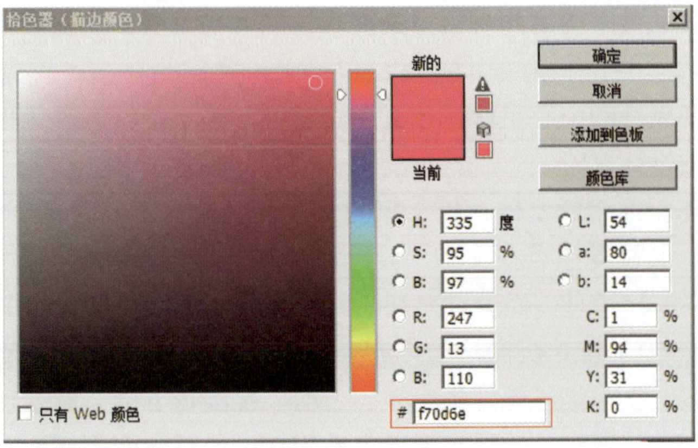

图 3-13 颜色参数

（4）在左上角用【矩形工具】绘制一个颜色为“f83668”的矩形，并输入文字“Apple Store 官方旗舰店”，参数设置如图 3-14 所示。

（5）在下方绘制一个蓝紫色渐变（#6906ff；#801feb）矩形和一个红色渐变（#f83668；#ef0840）圆角矩形，并给圆角矩形加上投影，具体参数设置如图 3-15 所示。

（6）在相应的位置输入文案，完成设计，最终效果如图 3-16 所示。

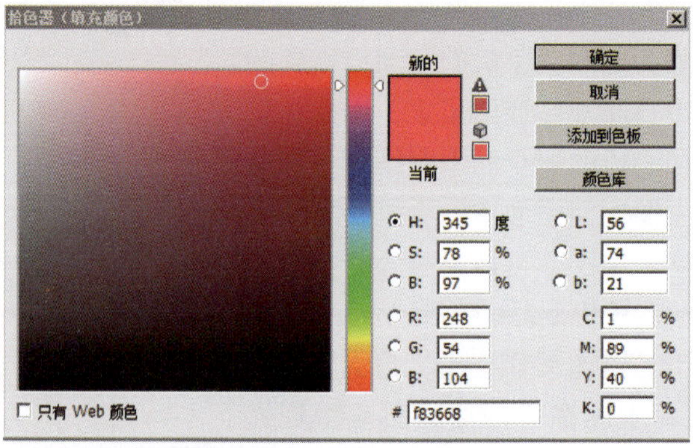

图 3-14　参数设置—步骤（4）

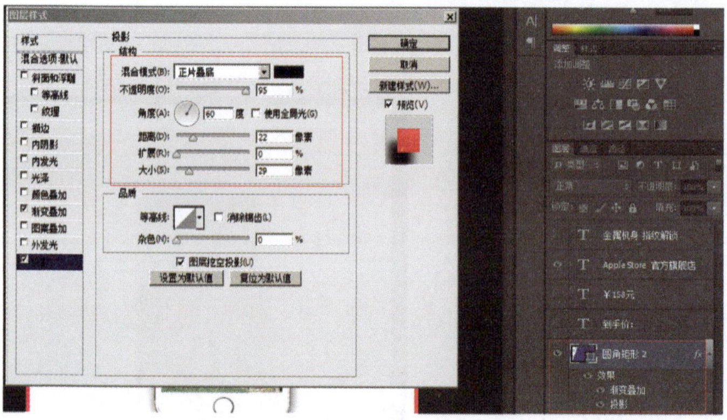

图 3-15　具体参数—步骤（5）

图 3-16　最终效果图

3. 手机海报设计

海报在为店铺产品做宣传的同时会渲染出欢快的购物氛围，捕捉买家的单击欲望以促成更好的销售转化成果。在进行海报设计时，包括手机类商品在内，首先需要把文案梳理清晰，了解这张图片要表达的中心主题是什么，文案主次关系是什么等，根据梳理好的主题与文案，规划出海报的设计方向。

手机类商品的海报通常需要传达给买家的都是活动信息，或者是新机到货信息等内容。当买家面对海报时，其视觉焦点在文字，设计者在进行海报设计时不但要突出商品的本身，还要考虑到如何凸显文字信息。而通过衬托线或者衬托面等形式来布局排版是不错的做法。

如图 3-17 所示，为了将手机商品的形态通过图片全面地诠释给买家，可以选择多角度呈现手机的构图方式，将手机各角度集中在一个面。在配色方面，背景色的选取能很好地避免手机类商品不好配色的尴尬，选择与手机色系相近的色系也能更好地营造出背景氛围，同时能加强手机在视觉上的质感。

除了图片元素之外，海报上的文案设计同样也不可忽视。虽然商品图片比文字更容易吸引买家的注意力，但文字如何组合是根据画面而定的，好的文字组合会使画面增色不少。当文字部分在画面中被弱化的时候，最好的办法就是通过在背景放置几何图形，调节字体的颜色与几何图形的对比度，使文字部分更加突出。手机类海报通过这种设计方式，可以在不弱化图片的情况下，让文字部分与几何框的组合增加信息的可读性，最终实现海报的宣传效果。

图 3-17　手机类海报

4. 手机海报的设计及制作步骤

（1）打开 PS，新建一个大小为 1920 像素 ×600 像素的画布，背景颜色为白色。

（2）双击背景图层的锁定按钮解锁图层，在“混合选项”中选择【渐变叠加】，给图层添加一个蓝（#063d66）白（#eef7fc）渐变，调整好角度参数，再用【矩形工具】绘制一个灰色（#d8d6el）的矩形置于画面下方，具体参数如图 3-18、图 3-19 所示。

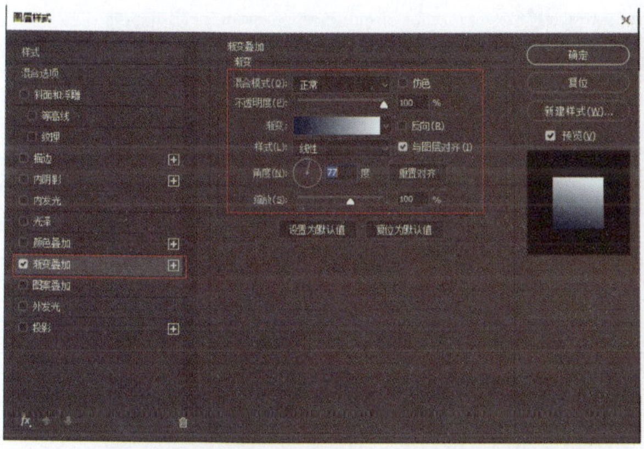

图 3-18　渐变叠加具体参数

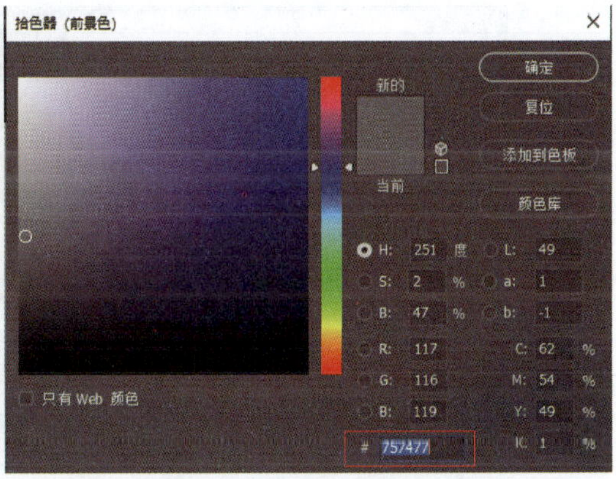

图 3-19　矩形颜色参数

（3）把准备好的手机素材拖入海报中，再用【矩形工具】绘制一个椭圆置于手机图层下方，选择【滤镜】→【模糊】→【高斯模糊】，给椭圆做适当模糊处理，降低其不透明度，将其作为手机阴影部分，具体参数如图 3-20 ～图 3-22 所示。

（4）用【文字工具】输入“高颜值　爱自拍”等文案，调整好字体、大小、粗细、颜色等参数放置在适当的位置，具体参数设置如图 3-23 所示。

（5）用【圆角矩形工具】并同时按住 Shift 键绘制出 5 个大小一致的圆形，并分别填充好相应的颜色（#ed2525、#111b24、#a8b0b3、#e8c0be、#9fd9dd），如图 3-24、图 3-25 所示。

（6）用【文字工具】输入“五色可选”，填充为粉色（#efc8c1），双击图层弹出“图层样式”对话框，勾选“斜面与浮雕”选项，调整参数，置于适当的位置，具体参数如图 3-26 所示。

（7）用【文字工具】输入价格“¥3199”，填充黄色（#e8e68f），在价格旁边用【圆角矩形工具】画一个半径像素为 12 的圆角矩形，填充描边为黄色（#e8e68f），用【文字工具】输入文字“立即选购”填充黄色（#e8e68f），居中放置，具体参数如图 3-27 所示。

（8）最终海报完成图如图 3-28 所示。

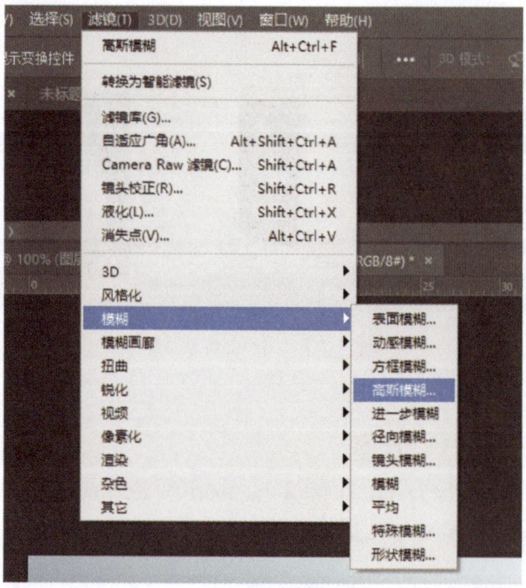

图 3-20 选择【滤镜】→【模糊】

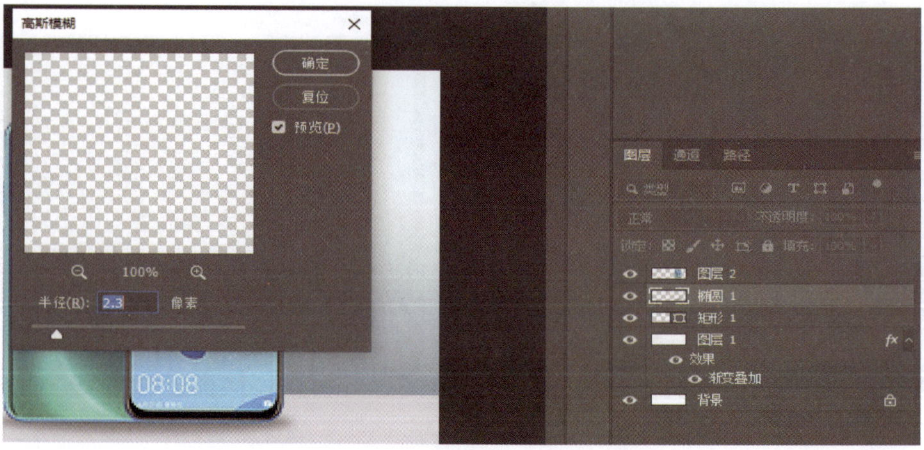

图 3-21 高斯模糊具体参数设置

图 3-22 不透明度参数设置

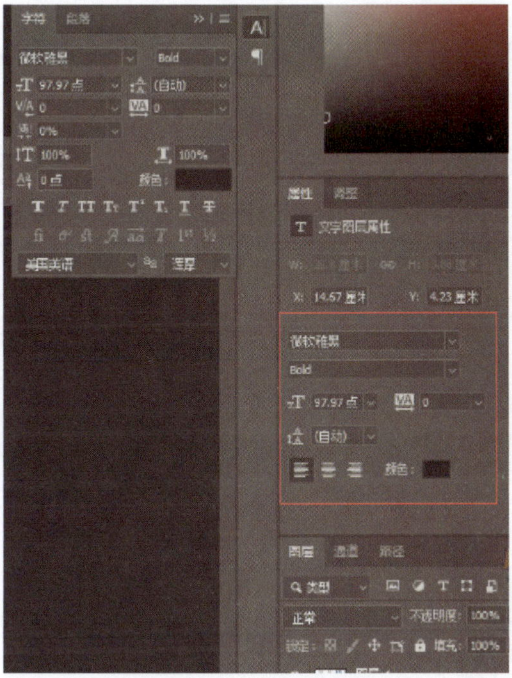

图 3-23　文案参数设置

图 3-24　绘制圆形

图 3-25　填充颜色

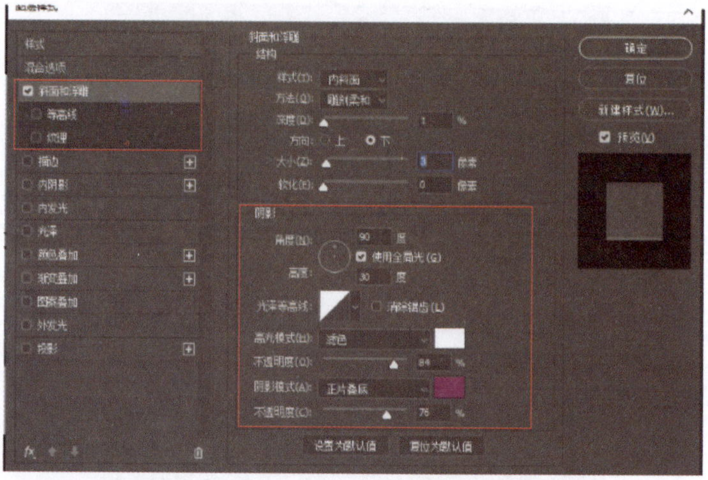

图 3-26　具体参数—步骤（6）

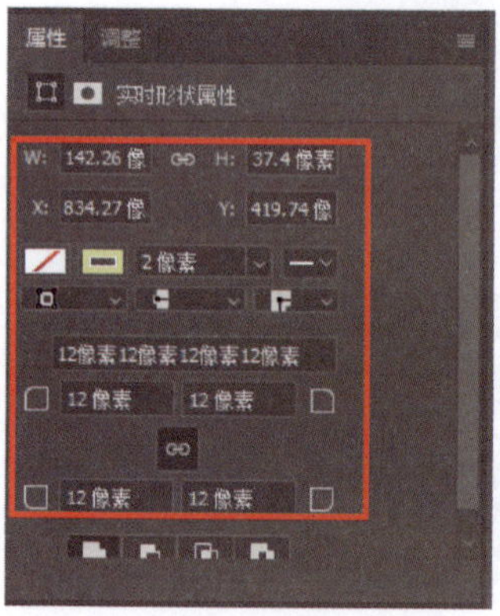

图 3-27　具体参数—步骤（7）

图 3-28　海报完成图

5. 手机详情页设计

详情页的设计不是一成不变的，好的详情页应善于发掘不同类目与品牌的不同特征，以品牌的特征作为定位，了解买家的购物心理，根据买家的购物心理再去调整或重构布局。手机类商品的详情页设计整体与笔记本电脑类商品的设计差别不大，但还是需要进行一定的调整。

（1）详情页头部。相比起笔记本电脑类商品，手机类商品在设计详情图的头图部分时，可直接摆出产品的概览、包装清单及参数对比等内容。手机类商品作为随身携带的私有物，买家对其的性能需求比对笔记本电脑的性能需求更高，因此在进行设计时，建议在前三屏的头部部分直接以手机的概况等内容呈现作为引子，抓住买家对该商品的求知欲，如图 3-29 所示。

（2）商品展示。商品展示主要用于呈现商品的卖点、特征等内容，手机类商品详情页在设计这部分时可通过列点阐述的方式去表达，根据产品卖点，结合素材图进行图文结合设计，但在设计的同时也应该注意文字使用规范、大小标题的统一，特别是描述重要卖点时要重视字体使用规范，这样才能使整体卖点保持统一与连贯性，如图 3-30 所示。

（3）商品基本信息。在设计手机类商品的基本信息和参数时，必然是需要站在买家的角度思考的，以非专业的眼光和视角来判定买家是否能看明白我们的表述。由于这块涉及的内容比较多，排版的不恰当很容易造成不好的视觉体验，从而降低买家对商品的认可度。因此，这里可以采用分层的设计方式，以大标题＋过渡线的方式区分每一部分的基本信息与参数，最后还可以添加手机的必备卡及使用套餐情况描述，强化买家的用户体验，如图 3-31 所示。

（4）商品细节实拍。手机类商品的细节实拍相比起笔记本电脑类商品的细节实拍，除了应该对手机的不同角度进行整体展示以外，还需要格外注重手机的细节呈现，如摄像头、音筒或调音按键，这些细节部位在设计时必须选择清晰突出的图片，目的是通过这些将手机更全面地展示在买家的眼前，加强买家对商品的肯定，如图 3-32 所示。

（5）详情图尾部。手机类的商品作为买家日常最贴身的用品之一，买家对其的要求必然也相对较高，存在的顾虑也会相对较多。因此在进行手机类商品的详情图尾部设计时，相比前面吸引买家眼球、留住买家、抓住买家痛点的设计，这部分的设计应着重加强打消买家的顾虑，如售前、技术、售后等细节问题，这里的内容设计可采用问答的文案形式＋付款方式的分层呈现，以此在提升买家体验的同时，加强买家的下单决心，如图 3-33 所示。

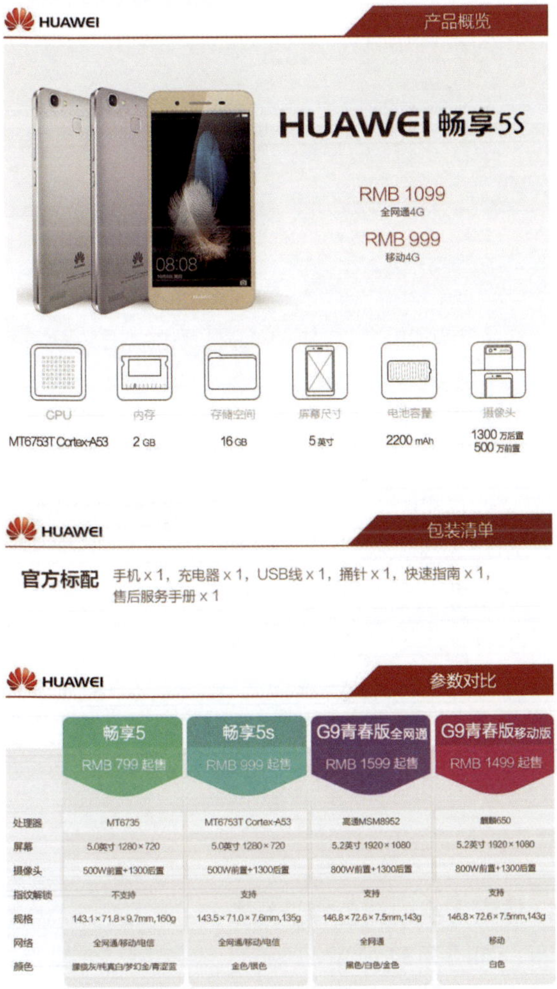

图 3-29 详情页的头图

图 3-30 商品特点展示

图 3-31　商品基本信息

图 3-32　商品细节实拍

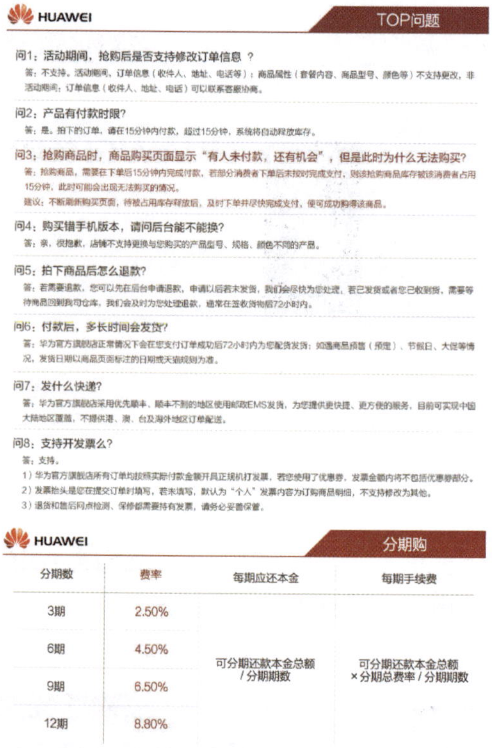

HUAWEI　TOP问题

问1：活动期间，抢购后是否支持修改订单信息 ？
答：不支持。活动期间，订单信息（收件人、地址、电话等）；商品属性（套餐内容、商品型号、颜色等）不支持更改，非活动期间，订单信息（收件人、地址、电话）可以联系客服协商。

问2：产品有付款时限?
答：是。拍下的订单，请在15分钟内付款，超过15分钟，系统将自动释放库存。

问3：抢购商品时，商品购买页面显示“有人未付款，还有机会”，但是此时为什么无法购买?
答：抢购商品，需要在下单后15分钟内完成付款，若部分消费者下单后未按时完成支付，则该抢购商品库存被该消费者占用15分钟，此时可能会出现无法购买的情况。
建议：不断刷新购买页面，待被占用库存释放后，及时下单并尽快完成支付，便可成功购得该商品。

问4：购买错手机版本，请问后台能不能换?
答：亲，很抱歉，店铺不支持更换与您购买的产品型号、规格、颜色不同的产品。

问5：拍下商品后怎么退款?
答：若需要退款，您可以先在后台申请退款，申请以后若未发货，我们会尽快为您处理，若已发货或者您已收到货，需要等待商品回到我司仓库，我们会及时为您处理退款，通常在签收货物后72小时内。

问6：付款后，多长时间会发货?
答：华为官方旗舰店正常情况下会在您支付订单成功后72小时内为您配货发货；如遇商品预售（预定）、节假日、大促等情况，发货日期以商品页面标注的日期或天猫规则为准。

问7：发什么快递?
答：华为官方旗舰店采用优先顺丰、顺丰不到的地区使用邮政EMS发货，为您提供更快捷、更方便的服务，目前可实现中国大陆地区覆盖，不提供港、澳、台及海外地区订单配送。

问8：支持开发票么?
答：支持。
1）华为官方旗舰店所有订单均按照实际付款金额开具正规机打发票，若您使用了优惠券，发票金额内将不包括优惠券部分。
2）发票抬头是您在提交订单时填写，若未填写，默认为“个人”发票内容为订购商品明细，不支持修改为其他。
3）退货和售后网点检测、保修都需要持有发票，请务必妥善保管。

HUAWEI　分期购

分期数	费率	每期应还本金	每期手续费
3期	2.50%	可分期还款本金总额 / 分期期数	可分期还款本金总额 × 分期总费率 / 分期期数
6期	4.50%		
9期	6.50%		
12期	8.80%		

图 3-33　详情图尾部

6. 手机详情页设计步骤

（1）新建一个 790 像素 ×16544 像素大小的白色背景画布。

（2）把手机的宣传海报拖入画布，如图 3-34 所示。

（3）用【文字工具】输入产品信息，调整好文字的大小、颜色、间距，居中放置于画面中，如图 3-35 所示。

图 3-34　拖入手机海报

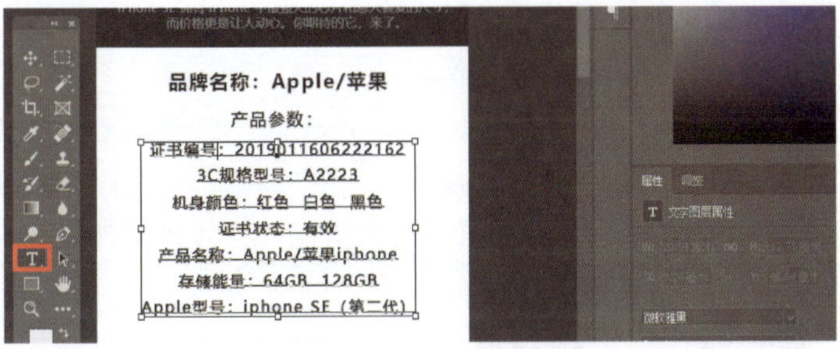

图 3-35　输入产品信息

（4）用【矩形工具】绘制一个矩形，填充黑色（#000000），再用【文字工具】输入文字，调整好字体大小、颜色，摆放设置成左对齐，放于合适的位置，具体参数设置及效果如图 3-36 所示。

（5）用【矩形工具】绘制三个矩形，填充深灰色（#0f0f0f），把产品的细节图放置于三个矩形里，再用【文字工具】输入产品文案，填充白色（#fdfdfc），并调整好大小、间距，具体参数设置如图 3-37、图 3-38 所示。

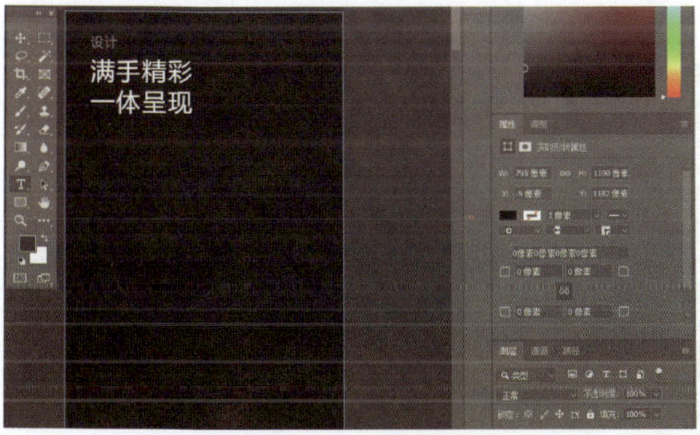

图 3-36　具体参数设置及效果—步骤（4）

图 3-37　绘制矩形

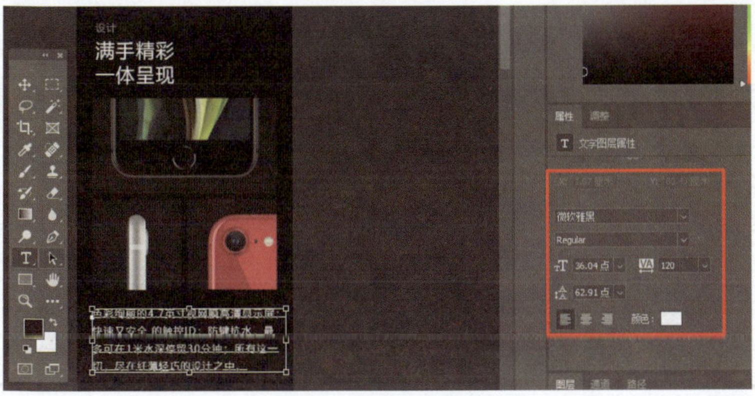

图 3-38　输入文案

（6）用【文字工具】输入产品性能文案，把准备好的手机图片拖入画布，用【形状工具】绘制一个矩形，填充深灰色（#797878），置于手机图层下方，执行【滤镜】→【模糊】→【高斯模糊】命令，对矩形进行模糊处理，并降低其不透明度，并作为产品阴影，具体设置如图 3-39、图 3-40 所示。

（7）再用之前的方法完成其他两个产品的投影及摆放，并用【文字工具】输入产品的性能相关的文案，置于产品图的下方，调整好颜色、大小及间距，并设置垂直居中，具体参数及设置及效果如图 3-41 所示。

（8）用【形状工具】绘制一个矩形，填充浅灰色（#f5f5f7），用【文字工具】输入文案，把准备好的图片素材拖入画布中，居中对齐，具体参数设置如图 3-42、图 3-43 所示。

（9）按第（7）步完成电池版块设计，效果图如图 3-44 所示。

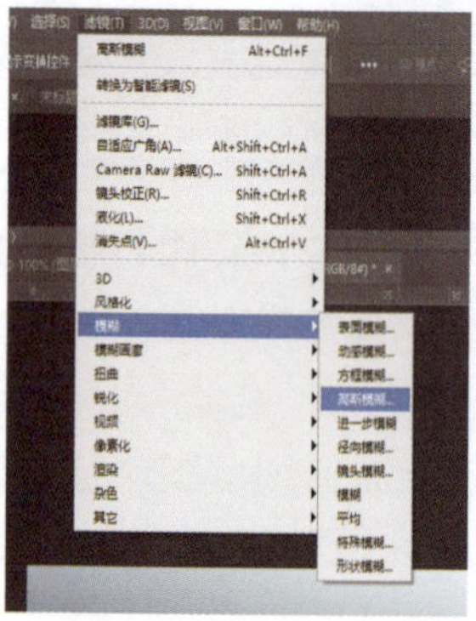

图 3-39　选择滤镜

图 3-40　具体参数—步骤（6）

图 3-41　具体参数设置及效果—步骤（7）

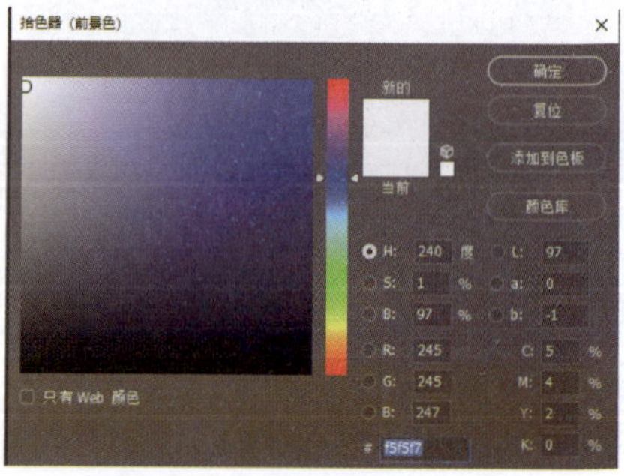

图 3-42　填充颜色具体参数

图 3-43　具体布局及参数—步骤（8）

图 3-44　效果图—步骤（19）

（10）按之前的做法绘制一个黑色矩形，输入文案，把 iPhone 的标志拖入画布，用【矩形选框工具】选中不需要的部分将其删除，再用【圆角矩形工具】绘制出锁头，用【矩形选框工具】删掉多余的部分，如图 3-45、图 3-46 所示。

（11）用【椭圆工具】绘制一个小圆，按 Ctrl+J 组合键复制一个，再按 Ctrl+T 组合键选中复制的圆形并移动适当的距离，再按 Ctrl+Shift+Alt+T 组合键连续复制若干个小圆并摆放于适当的位置，最后用【文字工具】输入文案，如图 3-47 所示。

（12）用【矩形工具】绘制一个长方形，填充浅灰色（#f5f5f7），用【文字工具】输入文案，把不同颜色的产品图拖入画布居中放置，如图 3-48 所示。

（13）运用前面所学方法完成详情页最后一部分，具体布局如图 3-49 所示。

（14）用【裁剪工具】裁剪详情页多余的画面，按 Enter 键确定裁剪，如图 3-50 所示。

图 3-45　拖入 iPhone 标志

图 3-46　绘制锁头

图 3-47　效果图—步骤（11）

图 3-48　效果图—步骤（12）

图 3-49　具体布局—步骤（13）

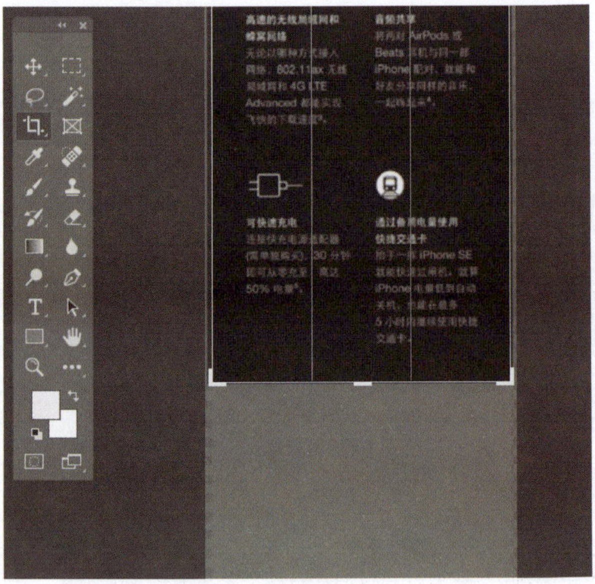

图 3-50　裁剪多余部分

[知识总结]

1. 构图设计元素认知

一个构图设计可以分为以下几个元素。

（1）商品

商品，即要围绕着它为主题来设计，是整个设计的主心骨。排除不同的需求把控，一般情况下都需要将它定位在第一位。

（2）背景

背景就是为了衬托出产品的价值，为整个设计提供氛围的一个元素，它是整个设计中好像最不显眼却是最重要的元素，好的背景应起到承载商品主体但不喧哗的作用。

（3）颜色

在构图设计中，颜色可以说是重中之重，其最能体现一个设计的水平，因为颜色带有感情，能影响人的情绪，所以如何用色、如何布局颜色也是一个重要的学习过程。

（4）排版

好的排版能让人的视觉得到舒缓，不易疲劳，且看起来很舒服，所以一个好的排版也是构成一个好设计的重要元素之一。

（5）感情

颜色可以影响人的情感，因此买家的情感是通过设计色彩来激发的，这就需要在设计时把控情感颜色的运用。

2. 色彩构图技巧

在进行图片色彩构图时，第一步先确定一个图片的主色调，并以此构成画面的整体色彩倾向。不要轻视了色彩的存在，色彩对于店铺或其商品有着象征作用，在做图片时应尽量使用统一的标准色彩，这样对店铺识别的强化和扩散有显著的作用。也可以使用对比，拉开色彩的色相、纯度或明度的差别，让主体突出，从而强化视觉效果，产生美感。

3.PS 抠图一般方法

（1）魔术棒法——最直观的方法

适用范围：图像和背景色色差明显，背景色单一，图像边界清晰。

方法意图：通过删除背景色来获取图像。

方法缺陷：无法实现对散乱的毛发的完整抠图。

使用方法：单击【魔术棒工具】；在“魔术棒”工具条中的“连续”项前打钩；“容差”值填入“20”，容差数值可根据效果好坏进行调节；用魔术棒单击背景色，会出现虚框围住背景色；如果对虚框的范围不满意，可以先按 Ctrl+D 组合键取消虚框，再对上一步的“容差”值进行调节；如果对虚框范围满意，按键盘上的 Delete 键，删除背景色，就可获得单一的图像了。

（2）色彩范围法——快速

适用范围：图像和背景色色差明显，背景色单一，图像中无背景色。

方法意图：通过背景色来抠图。

方法缺陷：图像中带有背景色的不适用。

使用方法：用“颜色吸管”拾取背景色；单击菜单“选择”中的“色彩范围”功能；在“反相”项前打钩，确定后就选中图像了。

（3）磁性索套法——方便、精确、快速

适用范围：图像边界清晰。

方法意图：磁性索套会自动识别图像边界，并自动黏附在图像边界上。

方法缺陷：边界模糊处需仔细放置边界点。

使用方法：右击【索套工具】，选中【磁性索套工具】；用【磁性索套工具】，沿着图像边界放置边界点，两点之间会自动产生一条线，并黏附在图像边界上；边界模糊处需仔细放置边界点；索套闭合后，抠图就完成了。

(4)(索套)羽化法——粗加工

适用范围：粗略的抠图方法。

方法意图：粗略抠图，不求精确。

方法缺陷：图像边界不精确。

使用方法：单击【索套】工具；用索套粗略地围住图像，边框各处要与图像边界有差不多的距离；这点能保证之后羽化范围的一致性，提高抠图的精确性；右击，选择“羽化”功能；调节羽化值，一般填入“20”，确定后就粗略选中图像了。羽化值的大小，要根据前一步边框与图像的间距大小调节。

(5)(索套)钢笔工具法——最精确的方法

适用范围：图像边界复杂，不连续，加工精度高。

方法意图：完全手工逐一放置边界点来抠图。

方法缺陷：慢。

使用方法：用【索套工具】建立粗略路径，用【索套工具】粗略圈出图形的外框；右击，选择“建立工作路径”，“容差”值一般填入“2”。

【钢笔工具】细调路径：选择【钢笔工具】，并在钢笔工具栏中选择第二项“路径”的图标；按住 Ctrl 键不放，用鼠标点住各个节点（控制点），拖动改变位置；每个节点都有两个弧度调节点，调节两节点之间的弧度，使线条尽可能地贴近图形边缘，这是光滑的关键步骤。如果节点不够，可以放开 Ctrl 键，用鼠标在路径上增加节点。如果节点过多，可以放开 Ctrl 键，将光标移到节点上，光标旁边出现“—”号时，单击该节点即可删除。右击，选择“建立选区”，“羽化”值一般填入“0”，按 Ctrl+C 组合键复制该选区；新建一个图层或文件；在新图层中，按 Ctrl+V 组合键粘贴该选区。取消选区的快捷键为 Ctrl+D。此工具对散乱的头发没有用。

(6)蒙板抠图法——直观且快速

使用方法：打开照片和背景图；单击【移动工具】把照片拖到背景图；添加蒙版；将前景色设为黑色，选择画笔，像素设为 45；这样就可以在背景上进行擦拭，擦到满意为止。如果出现失误，只要将前景色改为白色，即可擦拭回来。

【同步实训】

一、实训概述

本项目实训为数码类商品图片类的处理及制作，学生通过本项目的学习，能够掌握数码类商品后期处理的具体方法与技巧，并能完成商品的海报、详情页与主图的设计和制作。

二、实训素材

（1）装有 Photoshop 软件的计算机。

（2）手机类商品。

三、实训内容

任务　手机类商品拍摄与美化

步骤 1：学生利用 Photoshop 对拍摄成果进行后期美化处理。

步骤 2：学生根据商品特点完成主图、海报及详情图的设计与制作。

四、考核评价

表 3-1　考核评价表

<table>
<tr><td colspan="2">项目名称</td><td colspan="4">数码类商品</td></tr>
<tr><td colspan="2">任务完成方式</td><td colspan="4">小组协作完成
个人独立完成</td></tr>
<tr><td colspan="2">评价项</td><td colspan="3">评价点</td><td>总分值</td></tr>
<tr><td colspan="2">手机类商品拍摄与美化</td><td colspan="3">（1）能否对拍摄成果进行恰当的后期美化处理（40 分）
（2）能否设计并制作出符合手机类商品要求的主图、海报以及详情页（60 分）</td><td>100 分</td></tr>
<tr><td colspan="6">本主题学习单元成绩：</td></tr>
<tr><td>自我评价（20%）</td><td></td><td>小组评价（20%）</td><td></td><td>教师评价（60%）</td><td></td></tr>
<tr><td colspan="6">存在的主要问题</td></tr>
<tr><td colspan="6"></td></tr>
</table>

【巩固与提高】

一、单选题

1. 海报文案中主要信息有主标题、副标题与（　　）三个部分。

　A. 自拟标题　　B. 大标题

　C. 小标题　　D. 附加内容

2. 在 Photoshop 中需要对某色块进行颜色填充，应选择（　　）工具。

　A. 油漆桶　　B. 锐化

　C. 钢笔　　D. 魔法棒

3. 最直观的抠图工具是（　　）。

A. 磁性索套法　　B. 魔法棒

C. 羽化法　　D. 钢笔

4. 在详情页设计中，（　　）的内容直接决定了买家是否购买商品的意向。

A. 最后一屏　　B. 前一屏

C. 中间三屏　　D. 前三屏

二、简答题

手机类商品的图片处理技巧有哪些？

三、实操题

教师提供一组需要进行美化的数码类商品的素材，学生根据教师的素材进行图片的后期修正，完成后以小组形式进行互评。

项目四
户外运动类商品

【学习目标】

知识目标：

（1）了解户外运动类商品的特点。

（2）理解商品图片后期处理的意义。

能力目标：

（1）能够使用Photoshop对图片进行简单处理。

（2）能够根据户外运动类商品的特点进行图片处理。

（3）掌握户外运动类商品海报、主图、详情页的制作方法和技巧。

随着社会经济的发展，人们的生活质量提高了，健康意识也越来越强，户外运动、户外旅游成为越来越多人追求的健康的生活方式。户外运动既能呼吸新鲜空气、欣赏风景，又能锻炼身体，尤其是徒步、深度游、登山等项目最为大众所喜欢。

2016 年 10 月 8264 权威发布了《2015—2016 年中国户外旅行用户行为分析报告》。报告显示，与历年数据对比，中青年成为户外出行的主力军，其中 20~40 岁占比达到 66.32%，且不断上升，反映出这部分人群的购买力和出行欲都是最突出的，年轻人比例越来越大，从而需要产品多元化、创新化、年轻化展现。

目前，户外运动用品的消费主要集中在户外鞋、户外服装和户外装备三个方面，户外书籍和其他用品占比较小，如图 4-1 所示。

随着互联网的快速发展，户外用品的购买渠道不再是单一的户外运动用品店，通过网络购物的人群也越来越多，如图 4-2 所示。

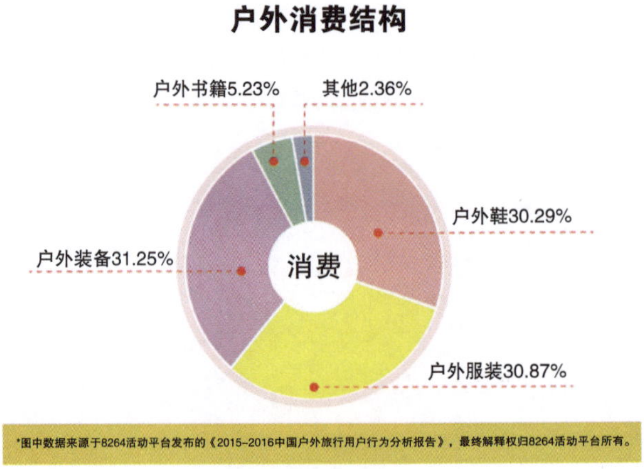

图 4-1　户外消费结构

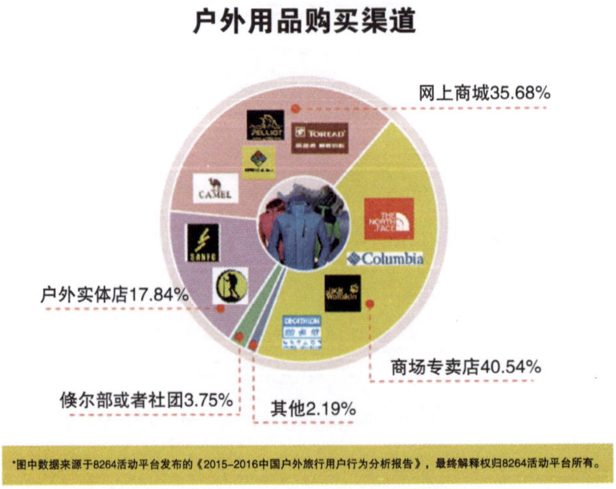

图 4-2　户外用品购买渠道

网购户外运动用品的占比达到 35.68%，虽然还低于商场专卖店的 40.54%，但已经超过户外实体店的 17.84%，相信随着越来越多的年轻人加入户外运动的行列，网购的比例还会进一步增大。

那么户外运动类商品在通过网络销售时应该如何凸显其特点呢？本项目以户外服装为例，从网店美工的角度对户外运动类商品的拍摄、美化及如何在淘宝页面展示几个方面进行全面讲解。

任务一　户外服装类商品的精修处理技巧

我们精心拍摄的照片在上传到店铺之前还需要进行相应的处理。首先是照片的大小，数码相机拍摄出来的照片大多在 800 万像素以上，单反相机所拍的就更大了，太大不适合直接上传到网上展示；其次，为了让图片更吸引人，需要在亮度、色泽和清晰度等方面进行美化，最常用的有调整照片的色阶、曲线、色彩平衡、亮度 / 对比度、色相 / 饱和度、可选颜色等，如图 4-3 所示；最后，为了突出户外服装类商品的特点，需要通过文字或特写来进行细节介绍，展示一些图文并茂的图片。

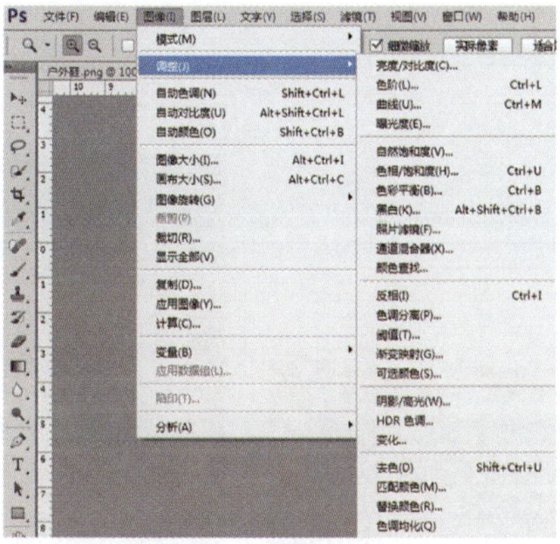

图 4-3　图像调整

菜单里面还有自动色阶、自动对比度、自动颜色三个选项，PS 会自动计算照片的整体曝光和色彩对比度，有时会有很好的效果，但是这三个选项对照片的画质损害很大，所以一般不建议使用。

对于照片的基本调整方法，这里不再赘述，户外服装类商品的后期处理技巧和鞋类有类似的地方，同样需要在户外环境的衬托下来彰显其特点，所以之前讲的照片背景处理方法也同样适用。

（1）用【钢笔工具】勾画出产品的形状并去掉背景，如图 4-4 所示。

（2）用【裁剪工具】放大画布，并新建一个图层置于最下方，填充白色（#fdfdfc），如图 4-5 所示。

（3）单击【滤镜】→【锐化】→【智能锐化】，给产品适当锐化，调整清晰度，具体参数设置如图 4-6 所示。

（4）按 Ctrl+L 组合键打开“色阶”对话框，调整产品的明暗，增加对比，具体参数设置如图 4-7 所示。

（5）按 Ctrl+J 组合键复制两个图层，并分别命名为“高频”和“低频”，选中“高频”图层，打开【滤镜】→【模糊】→【高斯模糊】，给产品添加一个 0.5 像素的模糊效果，如图 4-8 所示。

（6）再选中“低频”图层，单击【图像】→【应用图像】，在打开的对话框中将“图层”选择为“高频”，将“混合”改为“减去”。再把“混合模式”改为“线性光”，然后选中“高频”图层，用【涂抹工具】涂抹产品中不必要的褶皱部分，使衣服更加平整，具体参数如图 4-9 ～图 4-11 所示。

图 4-4　抠图

图 4-5　新建白色图层

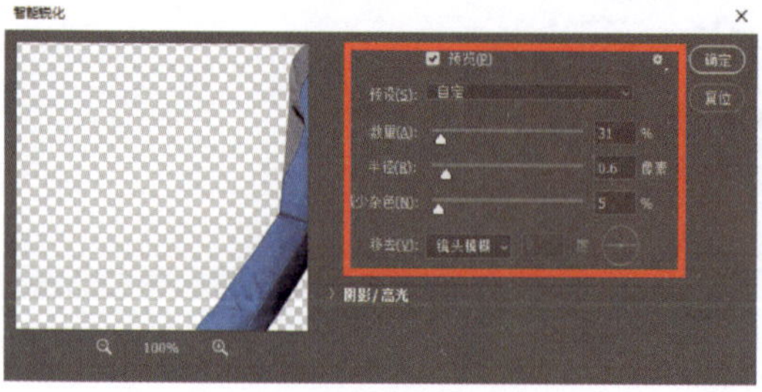

图 4-6　锐化参数

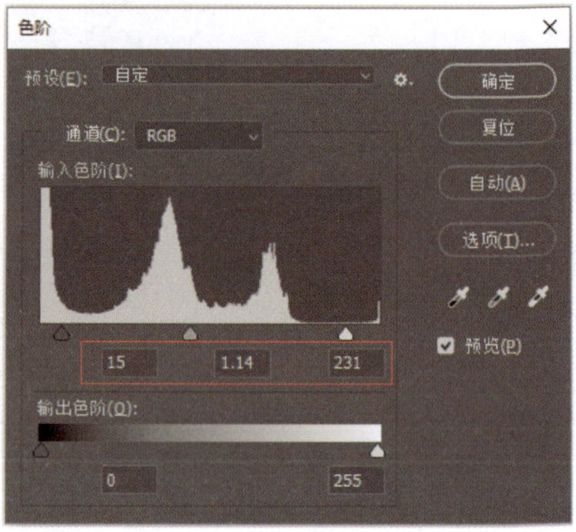

图 4-7　色阶调整参数

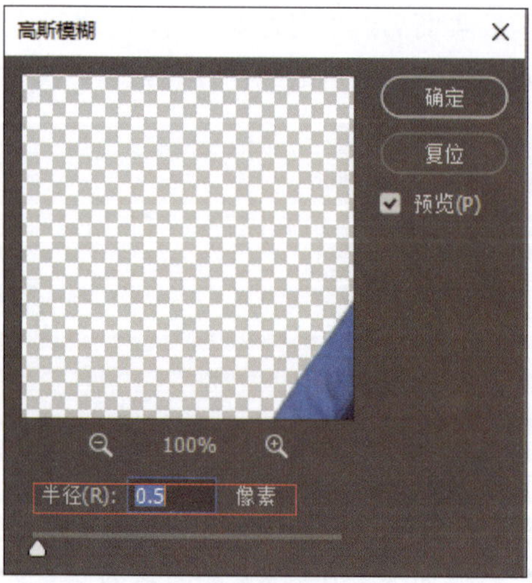

图 4-8　添加模糊效果

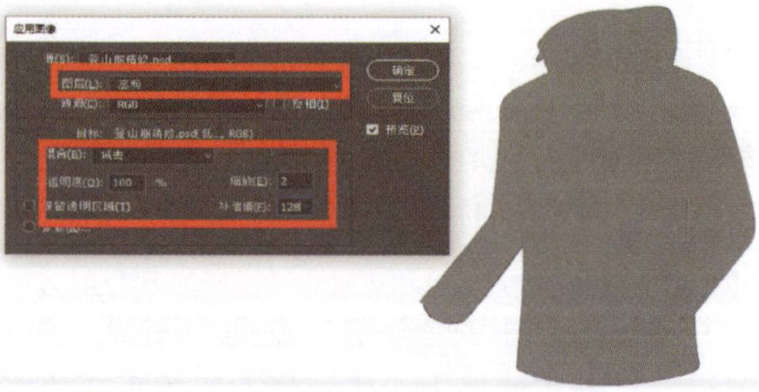

图 4-9　具体参数—步骤（6）

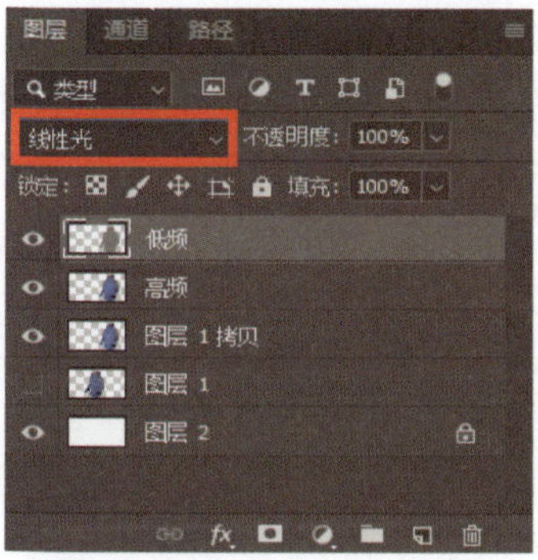

图 4-10　混合模式改为“线性光”

图 4-11　涂抹工具

（7）单击“图像”→“图像调整”→“色相 / 饱和度”，调整产品的颜色，让产品的颜色看起来更鲜亮，再按 Ctrl+Shift+E 组合键盖印图层使图层合并，具体参数设置如图 4-12 所示。

（8）完成对比图，如图 4-13 所示。

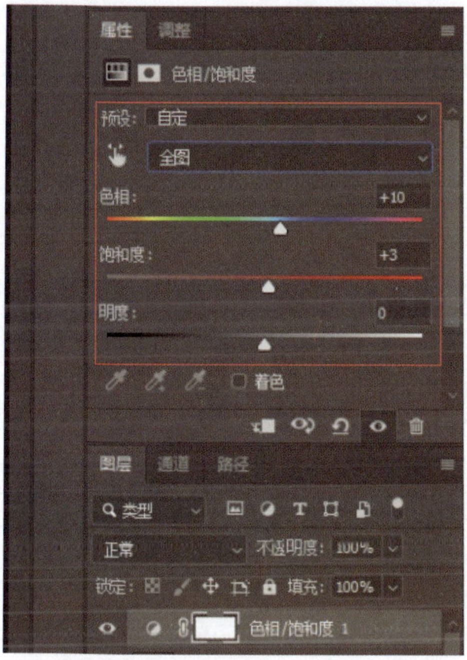

图 4-12　具体参数—步骤（7）

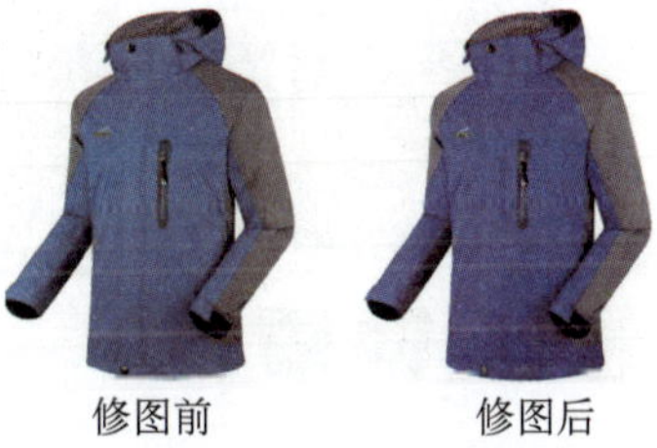

图 4-13　对比图

任务二　户外服装类商品主图的制作

1. 主图视频

主图也可以使用短视频的形式，通过一段短视频全方位地将户外服装类商品进行展示，这种视频称为主图视频。图 4-14 所示的是淘宝卖家后台主图视频的位置和视频要求，主图视频的长度不能超过 9 秒，上传之后要经过淘宝后台审核，审核通过后会在主图第一个位置展示，建议视频画面长宽比为 1∶1。

主图视频相当于是一个简短的广告视频，9 秒内可以包含的内容有很多，除了可以全方位地展示商品，还可以充分展示商品的卖点和细节等。户外服装类商品中一些不能通过图片展示的卖点，比如户外服装类商品的防水性、防污性及易除污性等，主图视频可以很直观地展示。

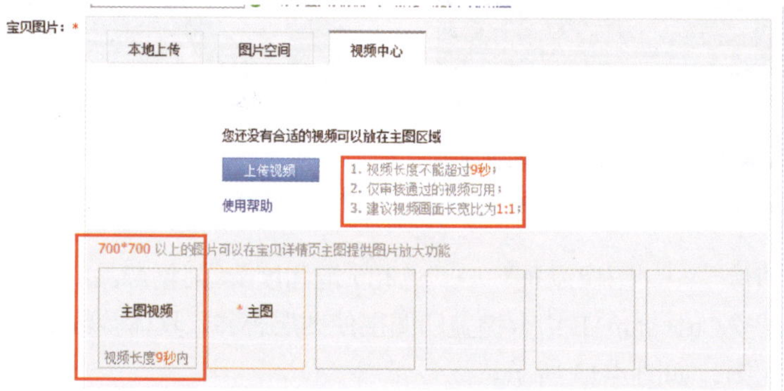

图 4-14 主图视频

2. 主图凸显品牌

对于注重品牌销售的卖家，可以在主图产品展示的左上角嵌入品牌 LOGO，如图 4-15 所示。

当然如果是明星代言的品牌，也可以让明星来拍主图，能起到更好的效果，如图 4-16 所示。

图 4-15 品牌 LOGO 主图

图 4-16 明星代言人主图

任务三 户外服装类商品主图的设计及制作

（1）打开 Photoshop，新建一个 800 像素 ×800 像素大小的白色背景画布。

（2）把精修好的登山服拖入画布中，按 Ctrl+J 组合键复制一层，填充深灰色，增加模糊并降低不透明度，作为产品的投影置于产品图层下方，如图 4-17 所示。

（3）用【矩形工具】绘制一个画布大小的正方形，设置描边为 10 像素，填充蓝色（#255eaa），如图 4-18、图 4-19 所示。

图 4-17　制作投影

图 4-18　绘制正方形

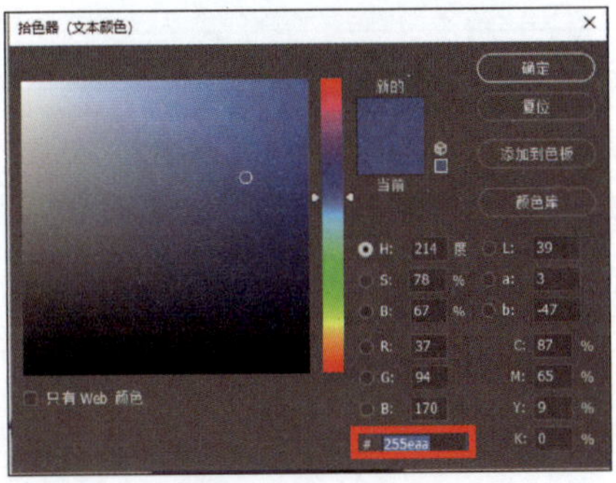

图 4-19　填充颜色

（4）再用【矩形工具】和【自由形状工具】制作店铺 LOGO，输入名称“凯乐石”，字体为“微软雅黑”，字体样式为“Bold”，颜色填充蓝色（#255eaa），具体参数设置如图 4-20 所示。

图 4-20　制作店铺 LOGO

（5）用【矩形工具】绘制两个矩形置于画面下方，分别填充颜色为“#3884c8”“#1761b8”，再用【圆角矩形工具】绘制一个半径为 50 像素的圆角矩形，按住 Ctrl+T 组合键选中圆角矩形，单击鼠标右键选择“斜切”命令给圆角矩形增加一个倾斜度，如图 4-21 所示。

（6）双击圆角矩形图层，添加大小为 1 像素的描边效果，再增加投影效果，具体参数设置如图 4-22 所示。

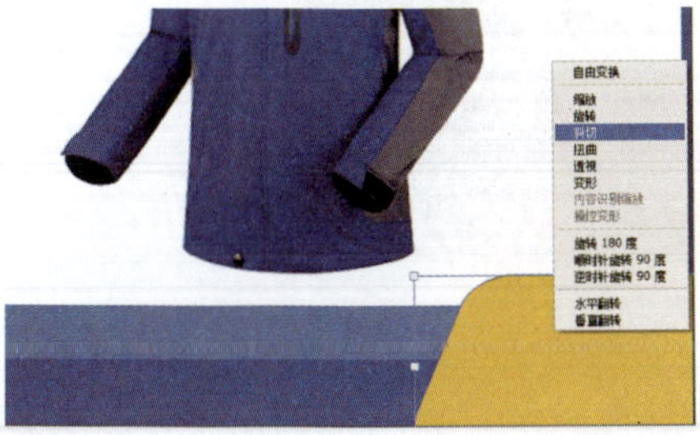

图 4-21　斜切

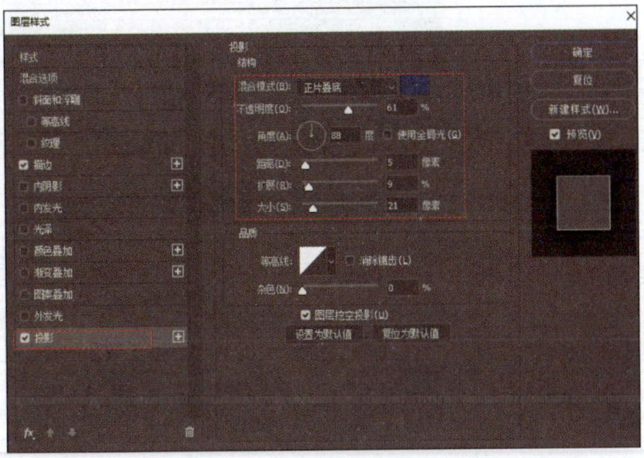

图 4-22　图层样式参数设置—步骤（6）

（7）用【文字工具】输入文案和价格，调整好字体的样式、颜色、大小、间距。再新建一个图层，然后选中【画笔工具】，笔触设置为柔边圆，降低画笔的不透明度绘制圆形笔触，再慢慢提高不透明度一直叠加。画好之后按 Ctrl+T 组合键选中图案，并压扁拉长，制作出高光线，具体布局如图 4-23 所示。

（8）主图完成图，如图 4-24 所示。

图 4-23　输入文案

图 4-24　主图完成图

任务四　户外服装类商品海报的制作

户外服装类商品的海报制作也需要借助户外场景，本节从活动和品牌两个方面介绍海报的制作。

1. 活动海报的制作

随着互联网的快速发展，电子商务的活动营销越来越常态化，不但不会放过任何一个传统节日、洋节日，这两年更是积极造节，比如京东“6 · 18”、淘宝“双 11”狂欢节、“双 12”等。下面从节日活动的角度来介绍节日活动海报的制作。

2016 年的“双 12”也有了自己的名称——亲亲节。如图 4-25 所示是一家户外运动用品店 2016 年“双 12”活动海报。

图 4-25　户外服类活动海报

这张海报突出的是活动时间和店铺产品的整体推荐，这是从节日和店铺的角度来吸引顾客的，把店铺的爆款产品展示出来，同时突出年终狂欢的活动主题。当然活动海报也可以有其他表现形式，比如节日活动店铺整体的折扣，“全场八折”“第二件半价”“买一送一”等字样的促销，也可以是“爆款直降 ** 元”“特价 ** 元”等，借助节日的气氛来营造活动力度。

2. 品牌营销海报

知名的品牌在海报上更注重品牌为产品带来的促销效应，尤其是加入形象代言人这种形式，在明星效应的影响下也可以扩大消费群体。如图 4-26 所示，让明星穿着自己品牌的户外运动服装就可以起到很好的广告效应，配上相称的文案内容给人耳目一新的感觉。

图 4-26　明星海报

要是再加上优惠促销活动就更让人心动了，如图 4-27 所示，同款是上身效果的展示，领取优惠券是实打实的优惠活动，这样就更能打动顾客。

图 4-27　明星促销海报

海报的内容可以针对单品，比如新款上市，为新产品制作的宣传海报；也可以针对店铺，店铺代表的是整个品牌，店铺的流量多了自然能带动单品的销售；还可以是店内的一个品类，户外运动商品店针对户外服装类商品的海报就属于这种情况，使用怎样的海报内容取决于店铺的需要。

任务五　户外服装的活动类海报设计及制作

（1）打开 PS 新建一个大小为 1920 像素 ×800 像素的白色背景画布。

（2）把背景素材拖入画布中，给背景添加一个黄色的“照片滤镜”，具体参数设置如图 4-28 所示。

（3）选中【多边形工具】，将边数改为 3，绘制一个三角形，填充粉色（#ee2360），按 Ctrl+J 组合键复制一层置于下方，适量放大填充更深一点的颜色（#811e2b），如图 4-29 所示。

（4）用【文字工具】输入文字“SALE”，字体为“微软雅黑”，样式为“ Bold”，填充黄色（#ffe401），按 Ctrl+J 组合键复制一层置于下方并填充颜色“#660228”，把它往右下方偏移一些，增加文字的厚度。再用【文字工具】输入文字“11.11”和“潮流工作日”，字体样式等与“SALE”一致，分别填充颜色“#fff38a”“#fff8bb”，具体布局如图 4-30 所示。

（5）用【椭圆工具】同时按住 Shift 键画一个正圆，双击图层添加一个“渐变叠加”，填充颜色“#dcd935”“#ffcf59”“#ffdfaa”的渐变，然后用【画笔工具】给圆形加一个白色高光做适当模糊，完成后再复制出 4 个，错落摆放，具体参数设置及效果如图 4-31、图 4-32 所示。

（6）用【矩形工具】绘制 3 个矩形，添加“渐变叠加”效果，再绘制一个矩形填充黑色（#1b1b1b），具体参数如图 4-33 所示。

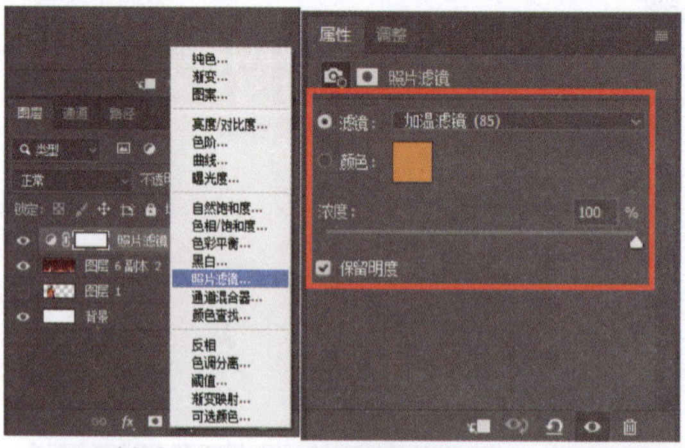

图 4-28 滤镜参数设置

图 4-29 绘制三角形

图 4-30 具体布局

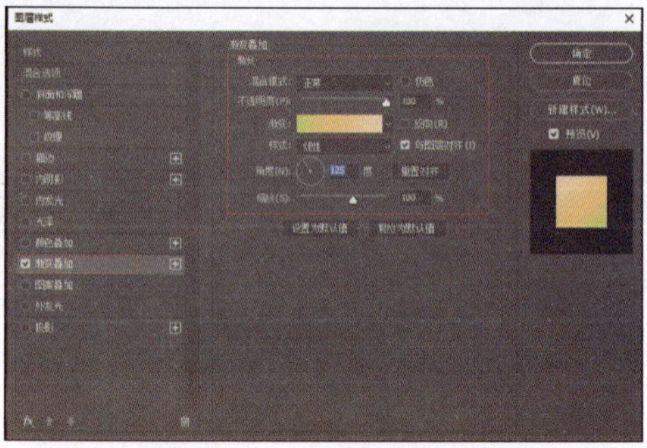

图 4-31 绘制正圆具体参数

图 4-32 具体效果—步骤（5）

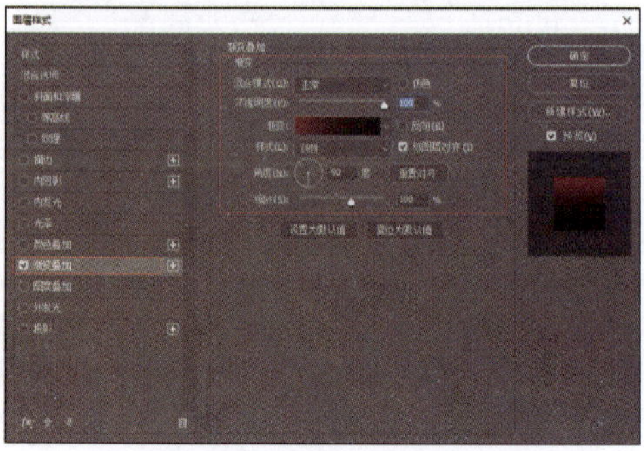

图 4-33 具体参数—步骤（6）

（7）用【椭圆工具】绘制一个小圆，双击图层给小圆添加外发光效果，再按 Ctrl+J 组合键复制一个，按 Ctrl+T 组合键选中复制的圆，往旁边移动适当距离，然后按住

Ctrl+Shift+Alt+T 组合键连续复制出需要的小圆，具体参数设置如图 4-34 所示。

（8）用【文字工具】输入文案信息，效果如图 4-35 所示。

（9）拖入任务素材和点缀装饰素材，海报完成图如图 4-36 所示。

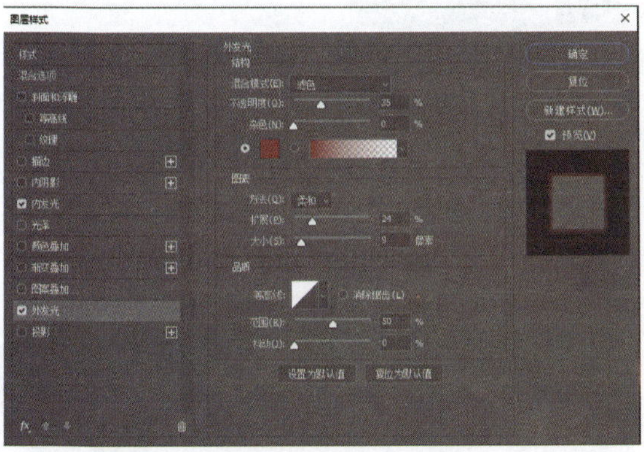

图 4-34　具体参数设置—步骤（7）

图 4-35　输入文案

图 4-36　海报完成图

任务六　户外服装类商品详情页的制作

户外服装类商品的详情页是从产品功能、产品参数、产品细节卖点、售后服务和关联营销等几个方面来对商品进行诠释的，如图 4-37 ～图 4-39 所示。

图 4-37　户外服装类商品功能展示

图 4-38　户外服装类商品参数

图 4-39　户外服装类商品细节展示

详情页的制作同样借助淘宝神笔来完成，在发布商品页面的宝贝描述部分选择“模板编辑”，选择户外服装类商品的模板，完成详情页的制作。

任务七　户外服装类商品详情页的制作

（1）打开 PS 新建一个大小为 790 像素 ×13435 像素的白色画布。

（2）拖入产品展示海报，置于顶端，如图 4-40 所示。

图 4-40　拖入海报

（3）制作产品特点部分，用【多边形工具】绘制 6 个六边形，填充蓝色（#1d62a7），分别填写好产品的特点，并添加投影效果，效果及具体参数设置如图 4-41、图 4-42 所示。

（4）用【形状工具】绘制出产品信息的标题，并输入文字，字体为“微软雅黑”，样式为“Bold”，填充黑色（#030303），并完善产品的相关信息，具体效果如图 4-43 所示。

（5）按 Ctrl+J 组合键复制一组“产品信息”，将标题改为“颜色展示”，并把所有颜色的产品排列展示，用【文字工具】输入颜色名称，如图 4-44 所示。

（6）按 Ctrl+J 组合键复制一组“产品信息”，将标题改为“细节展示”，然后把产品的细节图拖入画布中，用【矩形工具】绘制一个长方形置于图片下方位置，填充深灰色（#7f7f7f），并降低不透明度。然后用【多边形工具】绘制一个小三角形，填充黄色（#fff100），用【文字工具】输入文案，具体布局如图 4-45 所示。

（7）按 Ctrl+J 组合键复制一组“产品信息”，将标题改为“模特展示”，用【矩形工具】绘制出一个好看的图片展示版面，把产品图片拖入画布中，按画好的矩形摆放，并吸取衣服的颜色来填充矩形的颜色，具体布局如图 4-46 所示。

（8）用同样的方法制作出“保养知识”的标题，然后把保养知识的图片拖入画布中，如图 4-47 所示。

（9）用【裁剪工具】剪去多余的画布，如图 4-48 所示。

图 4-41　产品特点

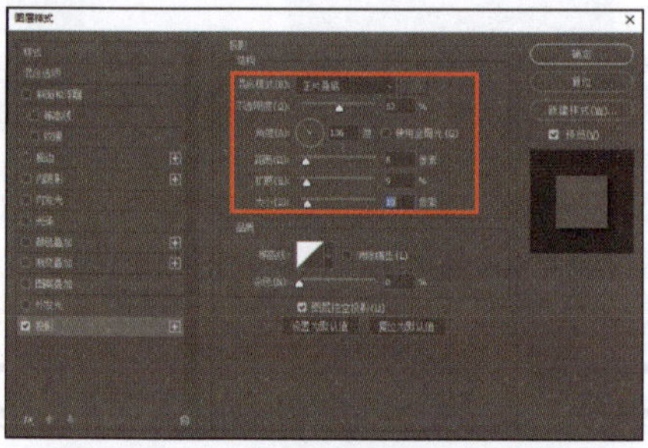

图 4-42　投影参数

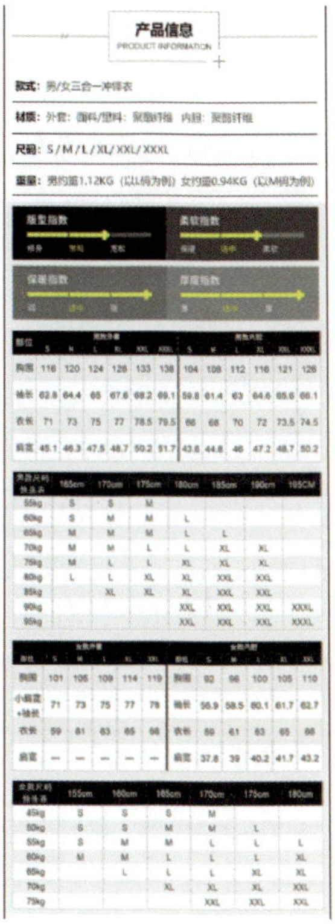

图 4-43　产品信息

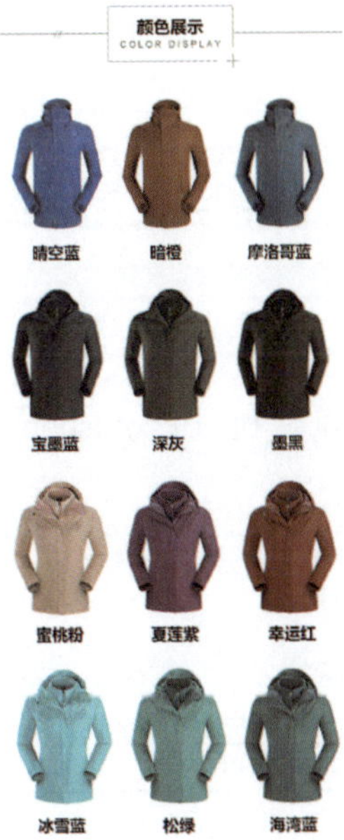

图 4-44　颜色展示

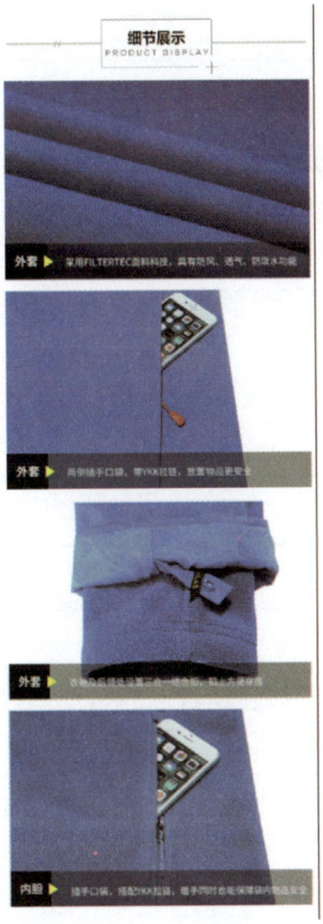

图 4-45　细节展示

图 4-46　模特展示

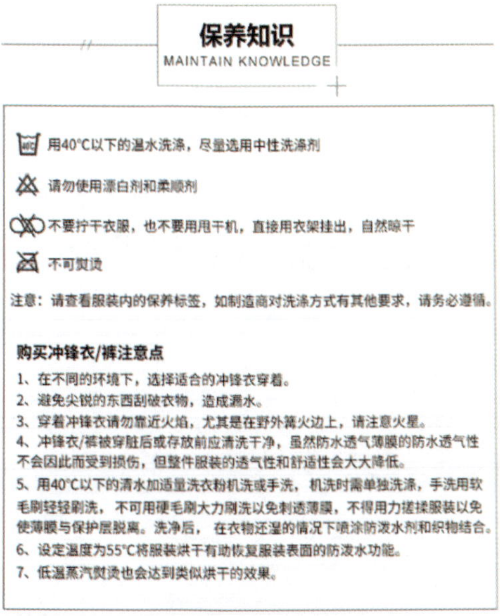

图 4-47　保养知识

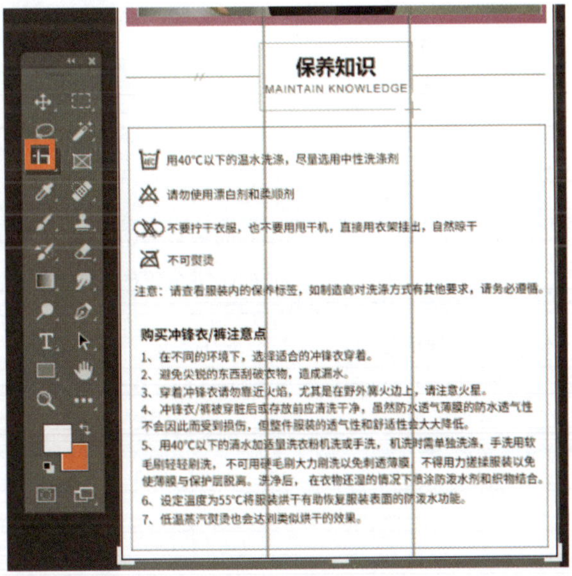

图 4-48　剪去多余画布

【同步实训】

一、实训概述

本项目实训为户外运动类商品的拍摄及后期图片处理，通过本项目的学习，学生能够掌握户外服装类商品拍摄与后期处理的具体方法和技巧，并能完成商品的海报、详情页与主图的设计和制作。

二、实训素材

（1）连接互联网的计算机一台，且装有 Photoshop 等图片处理软件，淘宝卖家账号。

（2）户外运动服、数码相机、相机支架、光源三个、遮光板、背景布等。

三、实训内容

任务　户外服装类商品的美化与制作

步骤 1：学生根据户外服装类商品的特点，利用 Photoshop 对拍摄的照片进行后期处理，可以借助互联网寻找需要的素材。

步骤 2：学生根据商品特点设计户外服装类商品的海报、主图，以及详情页中涉及的产品细节图等，借助淘宝神笔完成详情页的制作。

四、考核评价

表 4-1　考核评价表

项目名称	户外运动类商品				
任务完成方式	小组协作完成 个人独立完成				
评价项	评价点			总分值	
户外服装类商品的美化与制作	（1）能否经过后期处理体现出户外服类商品的细节特点（40 分） （2）能否设计并制作出符合户外服装类商品要求的主图、海报及详情页（60 分）			100 分	
本主题学习单元成绩：					
自我评价（20%）		小组评价（20%）		教师评价（60%）	
存在的主要问题					

【巩固与提高】

一、单选题

1. PS 会自动帮你计算照片的整体曝光和色彩对比度，不包括（　　）。

A. 自动色阶　　B. 自动对比度

C. 自动颜色　　D. 自动调整

2. 以下关于主图的几点说法中，错误的是（　　）。

A. 进入淘宝网，搜索一个关键词得到的图片

B. 详情页中全方位展示商品特点的图片

C. 针对店铺或是活动的图片或海报

D. 打开一件商品，展现给买家看到的产品图的第一张

3. 户外运动类商品图片在后期处理中，适合搭配怎样的背景（　　）。

A. 户外活动场景的背景　　B. 体育运动的背景

C. 街头背景　　D. 不需要背景

4. 主图正方形的展示区，产品应占（　　）位置合适。

A. 二分之一　　B. 三分之一

C. 三分之二　　D. 四分之一

二、简答题

户外运动类商品的海报制作要从户外商品的哪些特点出发？从哪些方面来进行海报的制作？

三、讨论题

（1）为什么说户外运动类商品在户外运动实地环境拍摄更好？

（2）户外服装类商品和普通的服装类商品在拍摄和后期处理过程中有什么不同？

四、实操题

教师给一组户外运动类商品的图片，学生根据自己的观察，使用 Photoshop 做出商品细节对比图。

项目五
厨卫类商品

【学习目标】

知识目标：

（1）掌握厨卫类商品后期处理时所用到的方法。

（2）熟悉厨卫类商品海报、主图及详情页的相关技巧知识。

能力目标：

（1）能够根据厨卫类商品的特点进行后期处理。

（2）能够完成厨卫类商品海报、主图、详情页的制作。

厨卫市场电商销售延续上升势头，根据中怡康的调查数据，厨卫行业各品类2020年的零售规模均有所增长。预计未来3年，厨卫市场将保持10%左右的年均复合增长率，比同时期整体家电市场的增长率至少要高出5个百分点。

本项目从商品拍摄与美化的角度讲述餐具类商品从拍摄到美化的一系列流程，讲述厨卫类商品拍摄与美化的具体方法和技巧。

任务一 餐具类商品的精修

图5-1 抠图

（1）用【椭圆工具】抠出产品，如图5-1所示。

（2）新建一个图层填充灰色（#cacdd0），置于盘子下方，具体参数设置如图5-2所示。

（3）用【椭圆工具】和【钢笔工具】绘制出盘子的表面，填充白色（#efeff0），并新建三个图层，用【画笔工具】绘制出亮面、暗面和厚度，嵌入盘子表面的图层，如图5-3所示。

（4）用【椭圆工具】绘制一个小圆填充白色（#fbfbfb），单击【滤镜】→【模糊】→【高斯模糊】，添加模糊效果，并降低不透明度为42%，具体参数设置如图5-4所示。

（5）用【钢笔工具】添加两个灰面作为盘子的深度，降低不透明度，并与圆形建立剪切蒙版，如图5-5所示。

（6）用白色【画笔工具】在盘子的边缘添加一些白色，再用【钢笔工具】绘制出盘子的高光部分，添加羽化效果并降低不透明度，效果如图5-6所示。

（7）双击白色表面图层，添加投影效果，具体参数设置如图5-7所示。

（8）对比图，如图5-8所示。

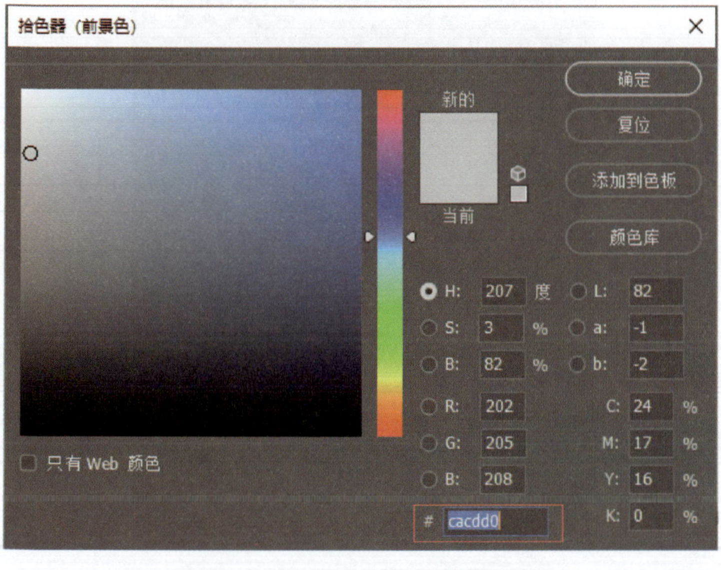

图5-2 新建图层——具体参数设置

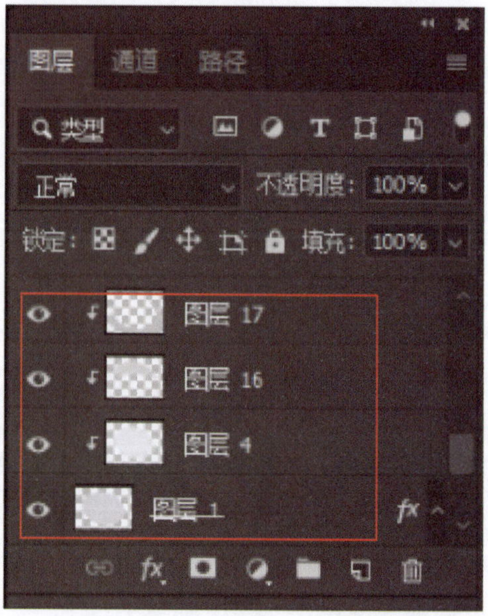

图 5-3　绘制出盘子亮面、暗面和厚度

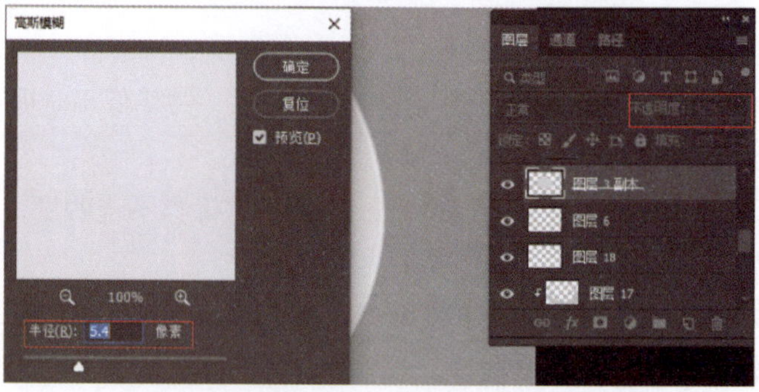

图 5-4　添加模糊效果

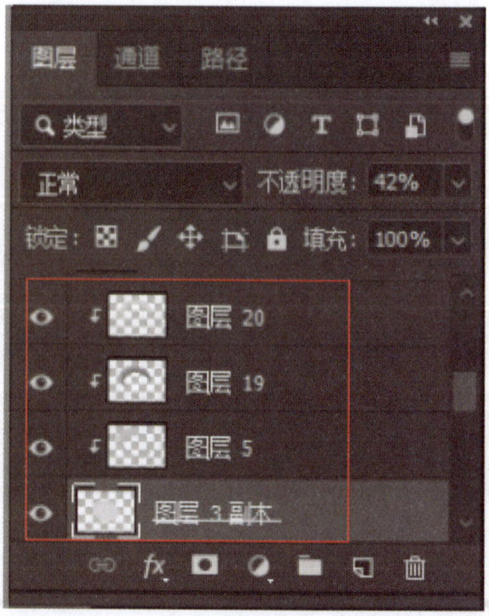

图 5-5　绘制出盘子深度

图 5-6　绘制出高光

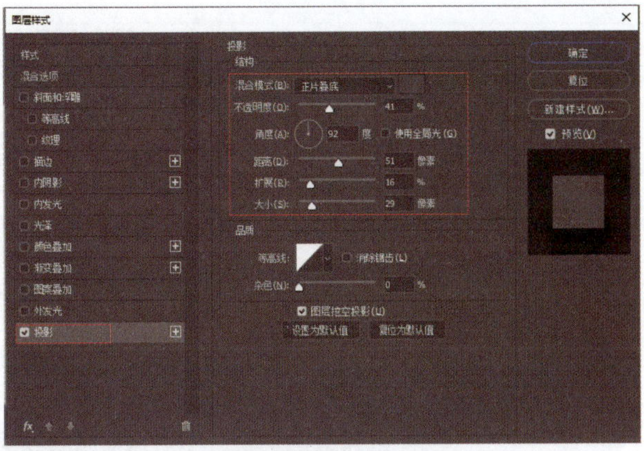

图 5-7　添加投影效果——参数设置

图 5-8　对比图（左为原图）

任务二　餐具类商品主图的制作

商品主图使买家形成了对商品的第一印象，决定了买家是否单击打开商品详情页面，并对商品产生购买欲望。因此商品主图的设计专业性和视觉吸引力直接影响着网店的点击率和转化率。

餐具类商品主图一般有两种类型，一种是餐具场景图 + 餐具单品图，如图 5-9 所示。餐具搭配常见的食物、桌布等构建场景图，营造出具有美感的用餐环境，如图 5-10 所示。餐具单品图可以让买家更加直观地浏览商品整体，由于餐具类商品具备大众熟知品牌的很少，所以不会在主图上添加 LOGO。

另外一种类型是餐具场景图 + 餐具细节图，如图 5-11 所示。这种主图类型适用于需要突出细节的餐具，比如该款餐具不同于其他商品，两侧附带端盘的地方需要特别突出，细节图中添加相对应的文案，便于用户理解。餐具场景图除了类型一中搭配蔬菜以外，也可以搭配一些常见的面食、水果等，同时要注意尽量避免与餐具颜色相同。

图 5-9　餐具主图类型一

图 5-10　餐具场景图

图 5-11　餐具主图类型二

任务三　餐具主图的设计

（1）打开 PS，新建一个大小为 800 像素 ×800 像素的白色画布。

（2）用【矩形工具】绘制一个画布大小的矩形，填充蓝色（#779af0），并把餐具的素材图拖入画布中放置好，具体参数设置如图 5-12 所示。

（3）用【矩形工具】绘制一个小矩形，添加浅红（#ee5b69）到深红（#ff0036）的渐变叠加效果，具体参数设置如图 5-13 所示。

（4）用【文字工具】输入文案，调整好文字的大小、颜色、间距和字体样式，效果如图 5-14 所示。

（5）用【文字工具】输入餐具名称及文案，调整好颜色、大小、间距及字体样式，效果如图 5-15 所示。

（6）餐具主图完成图，如图 5-16 所示。

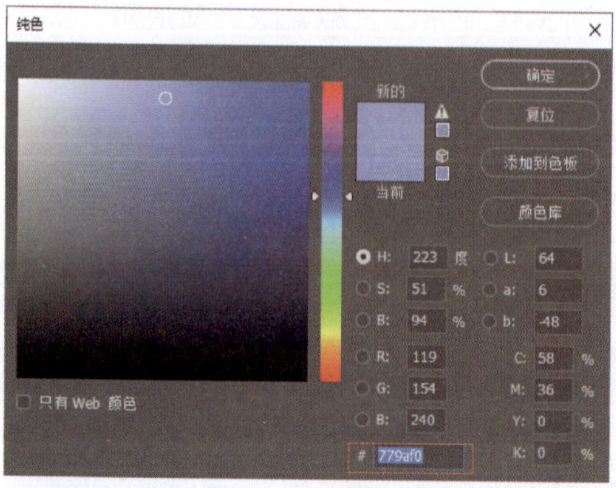

图 5-12　填充蓝色

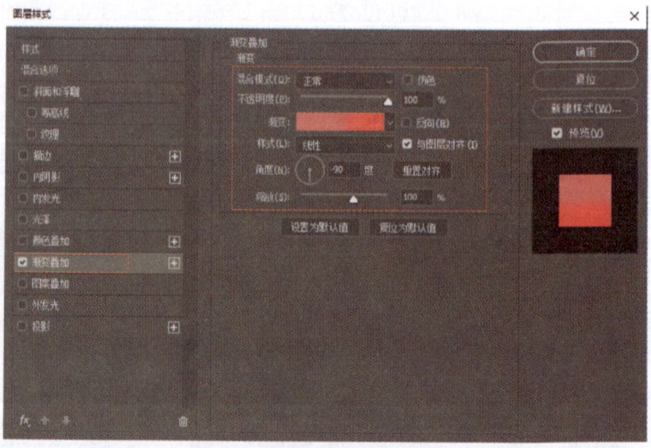

图 5-13　渐变叠加具体参数

图 5-14　添加文案

图 5-15　添加餐具名称

图 5-16　主图完成图

任务四　餐具海报的设计及制作

结合陶瓷类餐具的特性，一般可以将该类海报分为餐具商品风格展示海报和餐具商品场景促销海报。

餐具商品风格展示海报侧重表现单款或同一系列陶瓷餐具的风格，配以同色调简单的文案，阐述该款或同一系列餐具的主题，海报整体风格简约，给人一种干净的感觉。比如海报中一系列蓝色花纹的陶瓷碗商品，配以同色调蓝色的文案，商品和文案为左图右文布局，背景色为渐变浅灰色，和前景色形成鲜明的反差和对比，突出陶瓷碗的简约风格，如图 5-17 所示。

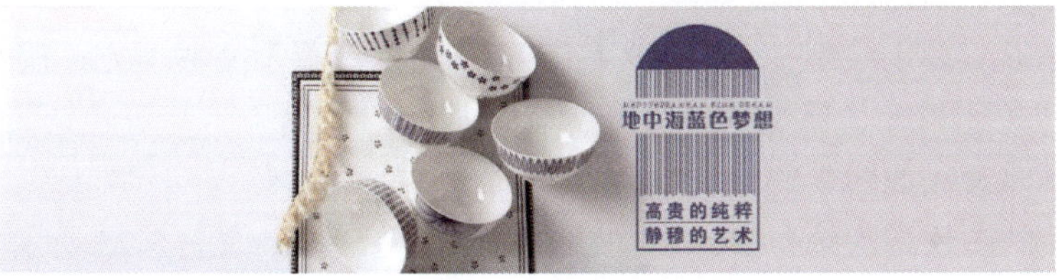

图 5-17　餐具商品风格展示海报

餐具商品场景促销海报侧重表现商品使用环境与促销信息，配以餐具使用环境，如用餐时的刀叉、水果、鲜花、桌布等，营造出餐具的使用场景，给买家以身临其境的体验，灰色桌布背景与白色餐具形成鲜明的对比，促销文案色彩鲜艳、重点突出，如图 5-18 所示。

图 5-18　餐具商品场景促销海报

下面介绍具体步骤。

（1）打开 Photoshop，新建一个大小为 1287 像素 ×450 像素的画布。

（2）鼠标单击图层的锁定按钮，解锁图层，并给图层填充灰色（#e5eaed）作为背景色，具体参数设置如图 5-19 所示。

（3）把准备好的“图片素材 1”拖入画布中，用【钢笔工具】去除背景，放置于画面的左下角，双击图层添加投影，具体参数设置如图 5-20 所示。

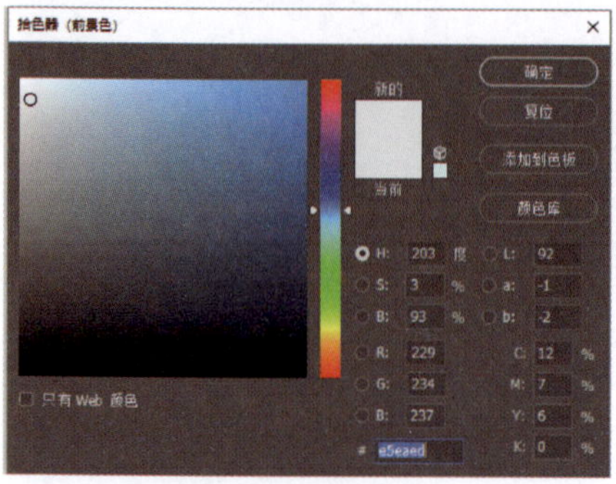

图 5-19　填充灰色

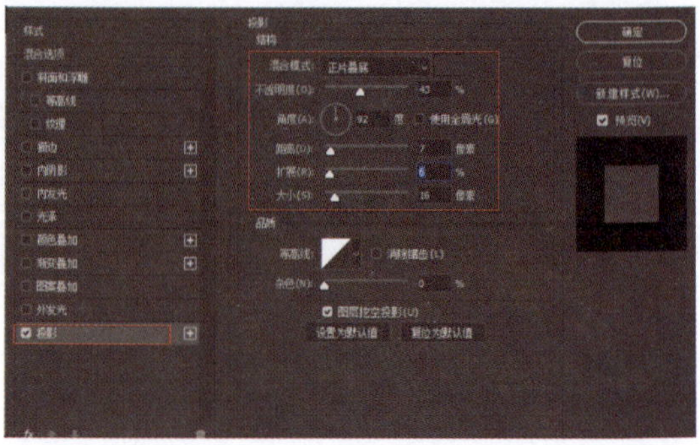

图 5-20　添加投影参数

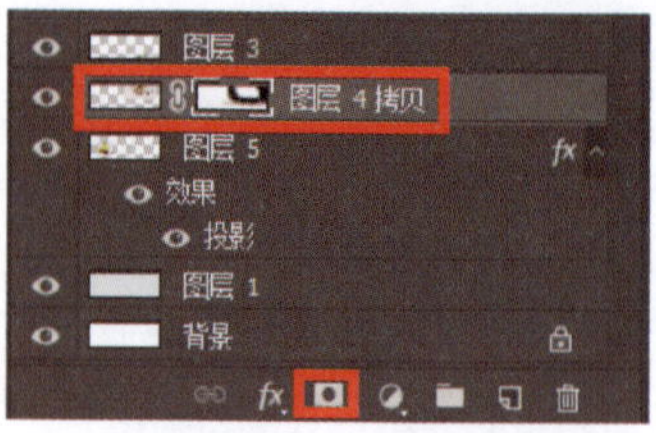

图 5-21　建立蒙版

（4）把“图片素材 2”拖入画面中置于画面右下角，调整好大小，然后再把“图片素材 3”拖入画布中置于画面右上方。单击【蒙版工具】建立蒙版，将前景色调成黑色，用【画笔工具】把不需要的部分盖住，如图 5-21 所示。

（5）用【矩形工具】绘制一个矩形放置于中间，填充白色（#fcfdfd），将不透明度调整为 42%，再按 Ctrl+J 组合键复制一层关闭填充，添加一个大小为 1 像素的描边，往左上角移动。然后用【文字工具】输入文案，调整好字体、大小、颜色及距离，具体布局如图 5-22 所示。

（6）用【矩形工具】绘制一个黄色（#ffe400）的矩形置于文案下方，按 Ctrl+J 组合键复制一层，缩小并关闭填充，添加一个大小为 1 像素的白色描边，与黄色矩形一起居中放置，并输入文案，具体参数如图 5-23、图 5-24 所示。

（7）把赠品的图片拖入画布中，调整好大小、位置，效果如图 5-25 所示。

（8）海报完成图，如图 5-26 所示。

图 5-22　文案布局

图 5-23　具体参数

图 5-24　布局效果

图 5-25　添加赠品

图 5-26　海报完成图

任务五　餐具详情页设计

设计详情页时应从用户的角度出发，帮助用户消除疑虑，引导其产生购买行为。比如设计该款陶瓷餐盘详情页时，首先结合网店商品风格和适用群体都是注重简约、轻生活，以年轻女性为主的群体，那么详情页应采用浅色基调、简约的设计风格。这里以用户对餐具类商品常关注的使用场景、款式、质量和包装四个方面介绍详情页的设计要点。

1. 使用场景

为了第一眼吸引到用户，详情页首屏可以设计一些与网店风格相符的商品场景图，不同的餐具款式搭配不同的食物，所有的搭配场景图保持相同的背景色，如图 5-27 所示。

2. 款式

由于餐具类同款商品有多个图案，在详情页设计时也一定要具体说明，配以简单的文案，方便用户选择自己心仪的款式进行购买，如图 5-28 所示。

图 5-27　商品使用场景

图 5-28　商品款式说明

3. 质量

大部分用户对陶瓷类餐具的质量没有太多的了解，在详情页中添加陶瓷知识科普，说明一些常见的陶瓷制品出现的气泡、黑点等小问题属于正常现象，这也方便用户提前了解，减少客服咨询或售后的工作量，也能避免一些因该问题出现的差评，如图 5-29 所示。

4. 包装

由于餐具属于易碎品，餐具的包装也成为用户关注的一大问题。设计详情页时也应将该点考虑在内，解决用户所有的疑虑，展示他们想要看到的信息，才能让他们最快决定下单购买，如图 5-30 所示。

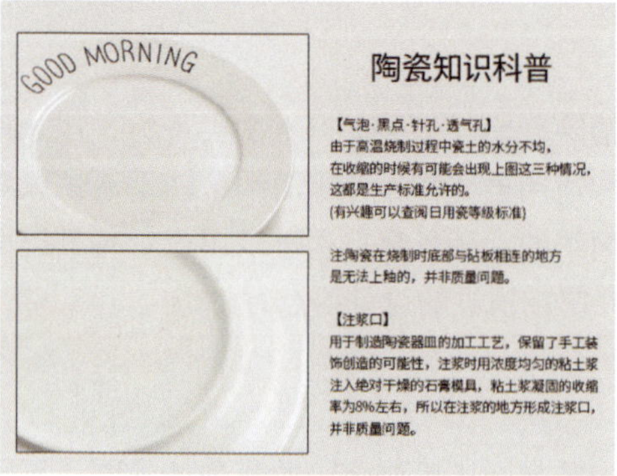

图 5-29 产品质量说明

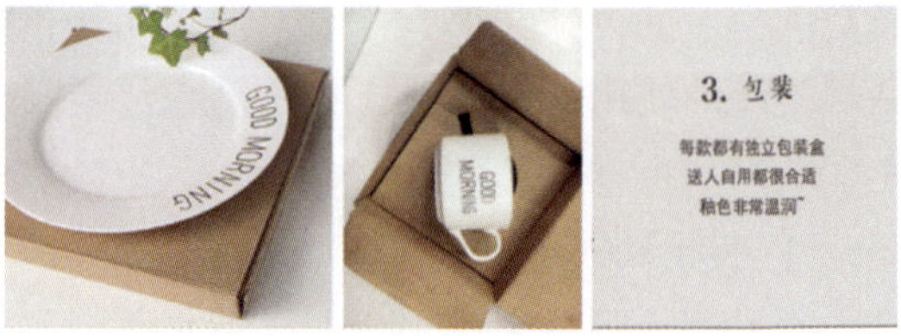

图 5-30 产品包装说明

任务六 餐具详情页的设计及制作

（1）打开 PS，新建一个大小为 790 像素 ×10793 像素的白色画布。

（2）用【钢笔工具】去除图片背景，如图 5-31 所示。

（3）用【矩形工具】绘制一个矩形，填充浅蓝色（#b5f4f1）置于产品图层下方。按 Ctrl+J 组合键复制一层产品图，填充蓝灰色（#759997），执行【滤镜】→【模糊】→【高斯模糊】命令，给图层增加模糊效果并置于产品图层下方，具体参数设置如图 5-32 所示。

图 5-31 抠图

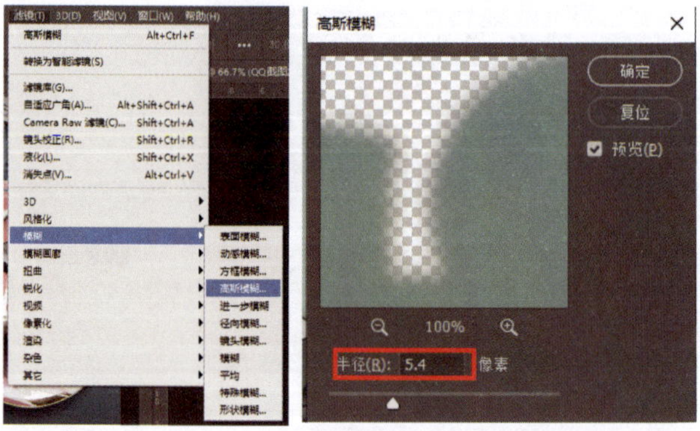

图 5-32 具体参数

（4）用【文字工具】输入文案，字体为“微软雅黑”，颜色为“#065061”，调整好字间距、大小及在画面中的位置，效果如图 5-33 所示。

（5）用【矩形工具】绘制一个无填充的矩形，描边大小为 3 像素，颜色为深蓝色（#030303），用【矩形选框工具】删去不需要的部分。再把产品素材置于画面中，双击图层打开“图层样式”对话框，给商品添加投影效果，具体参数如图 5-34 所示。

（6）用【文字工具】输入文案，字体为“宋体”，颜色为黑色（#030303），调整好字体大小、间距及粗细，再用【矩形工具】绘制一个小图案，具体效果如图 5-35 所示。

（7）用【文字工具】制作“产品信息”标题，再用【多边形工具】绘制一个小三角形置于文字下方，具体参数如图 5-36 所示。

（8）完善“产品信息”相关内容，插入商品图片，效果如图 5-37 所示。

图 5-33　添加文案效果

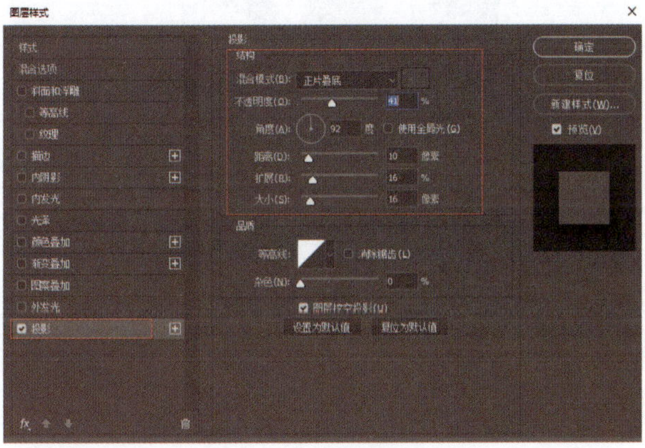

图 5-34　投影参数

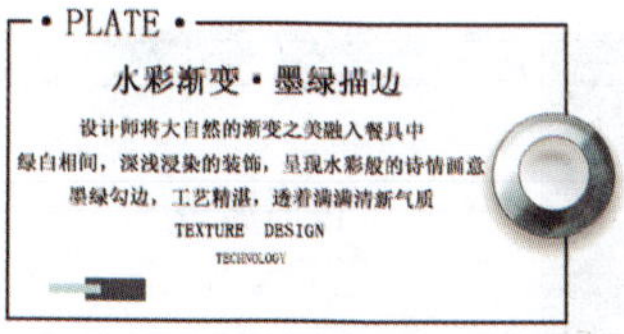

图 5-35　具体效果

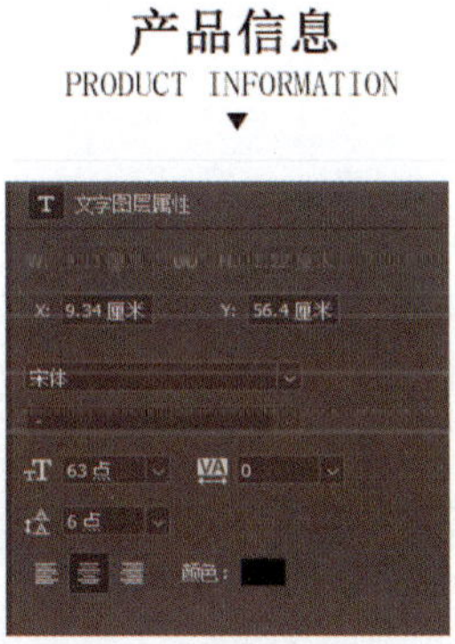

图 5-36　“产品信息”字体参数

图 5-37　产品信息效果图

（9）把包含产品套餐内容、尺寸信息的图片置入画面中，并用【文字工具】输入注意事项，“产品信息”部分效果如图 5-38 所示。

（10）用相同的方法完成“产品细节”部分，效果如图 5-39 所示。

（11）用相同的方法完成使用场景部分，效果如图 5-40 所示。

（12）用相同的方法完成售后服务部分，效果如图 5-41 所示。

（13）用【裁剪工具】剪去剩余不需要的部分，如图 5-42 所示。

图 5-38 “产品信息”部分效果图

图 5-39 “产品细节”效果图

图 5-40 使用场景效果图

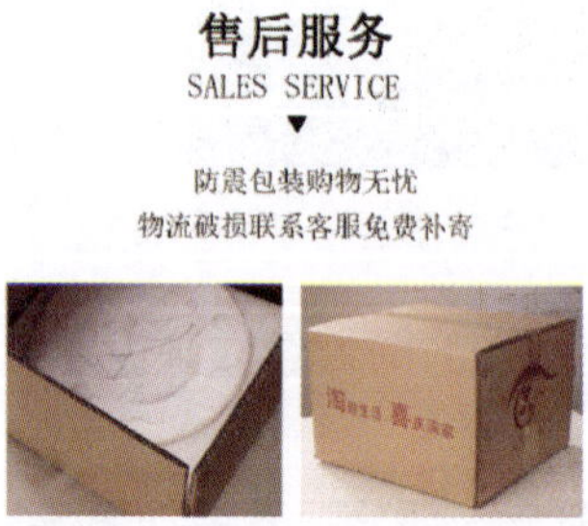

图 5-41 售后服务效果图

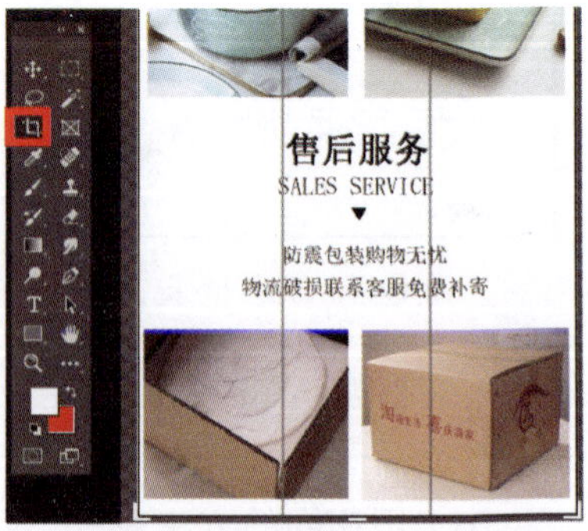

图 5-42 裁剪

[知识总结]

认知吸光物体、反光物体和透明物体

按物体对光线的作用性质，可以把拍摄的物体分为三大类：吸光物体、反光物体和透明物体。

1. 吸光物体

吸光物体是最常见的物体，如普通的塑料、皮质、木材、纺织化纤制品、食品等都属于吸光物体。这类物体往往表面结构并不光滑、凹凸不平、质地不一。吸光物体最大的特点是在光线的照射下，能够形成完整的明暗过渡的层次。

2. 反光物体

反光物体主要指不锈钢、银器、电镀、钻石、宝石等。这类物品能将大部分光线反射出去，一般不会出现柔和的明暗过渡现象，还很容易在其表面映照周围的景物，从而产生干扰。

3. 透明物体

透明物体主要指各种玻璃材质的器皿，也有一些特殊的塑料材质。最大的特点是光线能穿透物体本身，在展现时往往需要表现其通透的特点。

现阶段大部分商品都是复合型材料构成的，使用了不同的材质。在拍摄时往往需要特别注意。比如数码产品，随着技术的发展，很多数码产品的屏幕越来越大，而数码产品本身一般都是吸光或者半吸光的物体，但屏幕是反光物体，容易产生比较严重的反光。在拍摄时，要保证整体曝光亮度正常，让屏幕既能控制好反光，又能展示显示的内容难度较大，需要一定的拍摄技巧或通过后期图片处理，进行两张图片的合成。

【同步实训】

一、实训概述

本项目实训为厨卫类商品图片的拍摄及制作，学生通过本项目的学习，能够掌握厨卫类商品拍摄与后期处理的具体方法和技巧，并能完成商品的海报、详情页与主图的设计和制作。

二、实训素材

（1）装有 Photoshop 软件的计算机。

（2）厨卫类商品、相机等。

三、实训内容

任务　厨卫类商品的拍摄与美化

步骤 1：学生利用 Photoshop 对拍摄照片进行后期美化处理。

步骤 2：学生根据商品特点完成主图、海报及详情页的设计与制作。

四、考核评价

表 5-1　考核评价表

<table>
<tr><td colspan="2">项目名称</td><td colspan="4">厨卫类商品</td></tr>
<tr><td colspan="2">任务完成方式</td><td colspan="4">小组协作完成
个人独立完成</td></tr>
<tr><td colspan="2">评价项</td><td colspan="3">评价点</td><td>总分值</td></tr>
<tr><td colspan="2">餐具类商品的拍摄与美化</td><td colspan="3">（1）能否对拍摄照片进行恰当的后期美化处理（40 分）
（2）能否设计并制作出符合餐具类商品要求的主图、海报及详情页（60 分）</td><td>100 分</td></tr>
<tr><td colspan="6">本主题学习单元成绩：</td></tr>
<tr><td>自我评价（20%）</td><td></td><td>小组评价（20%）</td><td></td><td>教师评价（60%）</td><td></td></tr>
<tr><td colspan="6">存在的主要问题</td></tr>
<tr><td colspan="6"></td></tr>
</table>

【巩固与提高】

一、简答题

（1）什么是反光物体？

（2）吸光物体的特点是什么？

二、实操题

根据教师提供的厨卫类商品，选择合适的布光方式拍摄，并进行后期处理和详情页设计。

项目六
食品类商品

【学习目标】

知识目标：

（1）熟悉食品类商品的设计思路及具体要素。

（2）了解食品类商品后期美化修图所用到的工具，掌握其使用方法。

（3）熟悉食品类商品海报、主图及详情页的相关技巧。

能力目标：

（1）能够针对食品类商品进行后期处理。

（2）能够熟练设计和制作食品类商品海报、主图和详情页。

国家统计局公布的数据显示，2018 年全年社会消费品零售总额高达 380987 亿元，其中在限额以上单位商品零售额中，食品类依然占据着不小的比重，本项目以饮料 / 零食坚果类商品为代表介绍食品类商品图片后期处理技巧及商品海报、主图、详情页的设计要素、制作过程等。

网店图片是商品的灵魂，这一点对食品类商品尤为重要。网购食品囊括饮料、烘焙糕点、零食坚果、水果生鲜等来自全球各地的美味，在电商平台这个多元美食聚集地，一张有水准的食品照片成为网店吸引买家的重要手段。无论食品如何拍摄和修图，其目的都是吸引买家注意，激发买家食欲，促使买家购买。

食品类商品对照片标准和审美有着较高要求。一张“香气四溢”的美食照片，需要利用恰当的光线、合理的构图、有机的组织将食品的色香味表现出来，这也是拍摄食品类商品的关键。本项目将通过饮料类和零食坚果类商品拍摄与美化实操案例，讲解食品类商品拍摄技巧和后期修图流程及注意事项。

任务一 饮料类商品的图片后期处理技巧

（1）打开 Photoshop，在软件中新建白色背景板。

（2）导入素材照片，如图 6-1 所示。

（3）调整“亮度 / 对比度”分别为 26、21，添加【蒙版】，画笔设置不透明度 8、流量 9，涂抹使瓶身顶部过渡自然，参数设置如图 6-2 所示；添加曲线，如图 6-3 所示。

（4）使用【画笔工具】，选用白色绘制高光，模式为叠加，按 Ctrl+T 组合键自由变换压扁，调节不透明度，效果如图 6-4 所示。

（5）使用【钢笔工具】画出瓶身暗部，再使用【渐变】，给选区应用渐变，并把“混合模式”改为“柔光”。渐变参数设置及效果如图 6-5 所示。

（6）使用【钢笔工具】再次画出瓶身暗部，再使用【渐变】，给选区应用渐变，并把“混合模式”改为“柔光”，不透明度改为 70，效果如图 6-6 所示。

（7）使用【画笔工具】画出瓶身的高光，对图层添加“蒙版”，把“混合模式”改为“柔光”，再使用【橡皮擦工具】调节流量、不透明度，使高光过渡自然，效果如图 6-7 所示。

（8）最终效果如图 6-8 所示。处理前后的对比，如图 6-9 所示。

图 6-1 原图

图 6-2 调整图片参数

图 6-3　添加曲线

图 6-4　效果图—步骤（4）

图 6-5　渐变参数设置及效果图—步骤（5）

图 6-6　效果图—步骤（6）

图 6-7　效果图—步骤（7）

图 6-8　最终效果图

处理前　　处理后

图 6-9　前后对比

任务二 饮料类商品主图的设计与制作

（1）新建一个 800 像素 ×800 像素的画板，背景颜色为白色。

（2）拖入精修好的饮料图片，由于本次制作都为白底，所以不进行抠图操作，主图采用左右结构，并添加阴影，如图 6-10 所示。

图 6-10 拖入精修好的图片

（3）使用【形状工具】绘制主图的矩形线框，效果如图 6-11 所示。

图 6-11 绘制矩形线框

（4）新建图层，使用【钢笔工具】绘制不规则形状，按 Ctrl+Enter 组合键将其转换为选区，填充线框颜色，并拖入素材，效果如图 6-12 所示。

图 6-12 绘制不规则形状

（5）使用【多边形工具】，绘制六边形，对图层进行栅格化处理，选择【矩形选框工具】，对图形做减法，如图 6-13 所示。使用【文字工具】进行文案输入，如图 6-14 所示。

图 6-13　对六边形做减法

图 6-14　输入文案

（6）使用【圆角矩形工具】绘制如图 6-15 所示圆角矩形，使用【文字工具】添加文案，如图 6-16 所示。

（7）再次使用【文字工具】添加文案，如图 6-17 所示。

（8）最终效果如图 6-18 所示。

图 6-15　绘制圆角矩形

图 6-16　添加文案

图 6-17　完善文案

图 6-18　最终效果图

任务三 饮料类商品海报的设计与制作

（1）新建一个 1920 像素 ×900 像素的白色画布，背景颜色为白色。

（2）画一条辅助线，新建图层，使用【矩形选框工具】在辅助线左侧绘制矩形并填充颜色，如图 6-19 所示，在辅助线右侧进行同样操作，如图 6-20 所示。

（3）使用【椭圆工具】画圆并填充颜色，按住 Alt 键对图层进行剪贴，如图 6-21 所示；拖入素材并对素材添加阴影，加强效果，如图 6-22 所示。

（4）使用【文字工具】添加文案，如图 6-23 所示；绘制一圆角矩形并添加文案，如图 6-24 所示；拖曳素材，效果如图 6-25 所示。

（5）使用【文字工具】添加文案，并输入 6 行英文，作为陪衬文案装饰使用，效果如图 6-26 所示。

（6）使用【椭圆工具】，按住 Shift 键画正圆，并标上价格。再使用【矩形工具】绘制 3 个矩形，如图 6-27 所示。

（7）最后效果图如图 6-28 所示。

图 6-19　绘制矩形并填充颜色（左）

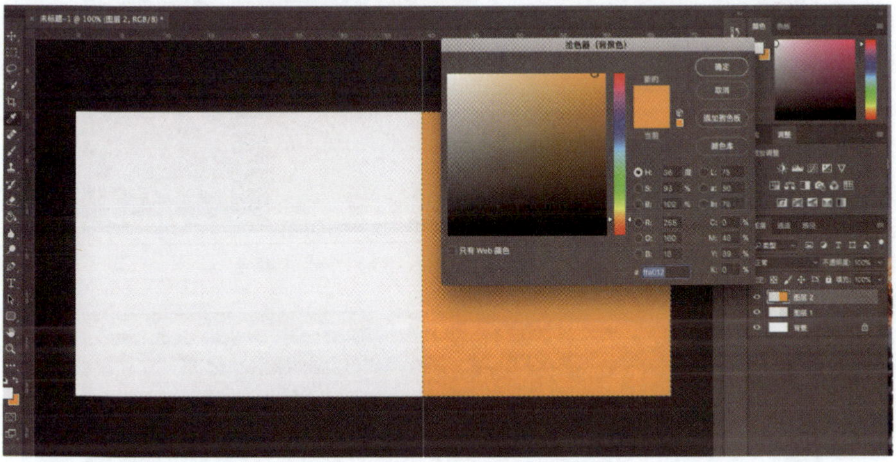

图 6-20　绘制矩形并填充颜色（右）

图 6-21　画圆并填充颜色

图 6-22　拖入素材并添加阴影

图 6-23　添加文案（MANGO）并填充颜色

图 6-24　绘制一圆角矩形并填充颜色

图 6-25　拖入素材

图 6-26　添加文案—步骤（5）

图 6-27　绘制正圆

图 6-28　最终效果图

任务四　饮料类商品详情页的设计与制作

（1）选择素材照片，设计文案，如图 6-29 所示。

（2）打开 PS，新建画布，具体参数设置如图 6-30 所示。

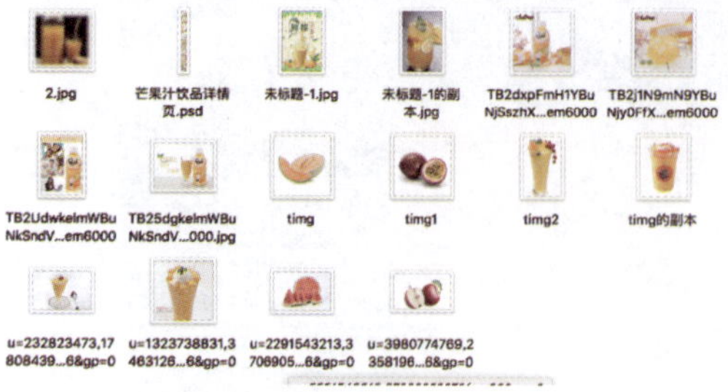

图 6-29 选择素材照片

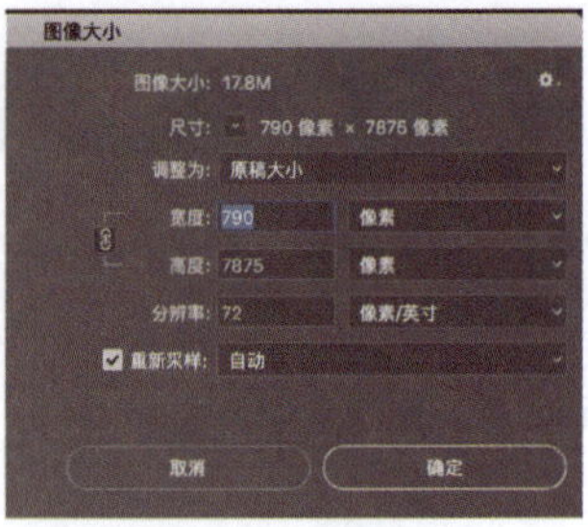

图 6-30 新建画布——具体参数设置

（3）选择素材进行详情页头屏海报的制作，给背景应用渐变，如图 6-31 所示。使用自定义图案，并给图片添加文案信息，具体设置如图 6-32 所示，效果如图 6-33 所示。

（4）使用【钢笔工具】绘制图案，利用钢笔画虚线，拖曳素材到画布中，按住 Alt 键对圆形剪贴，并添加投影效果，添加文案信息，文案参数设置如图 6-34 所示，完成后按 Ctrl+G 组合键进行编组，效果如图 6-35 所示。

图 6-31 渐变叠加

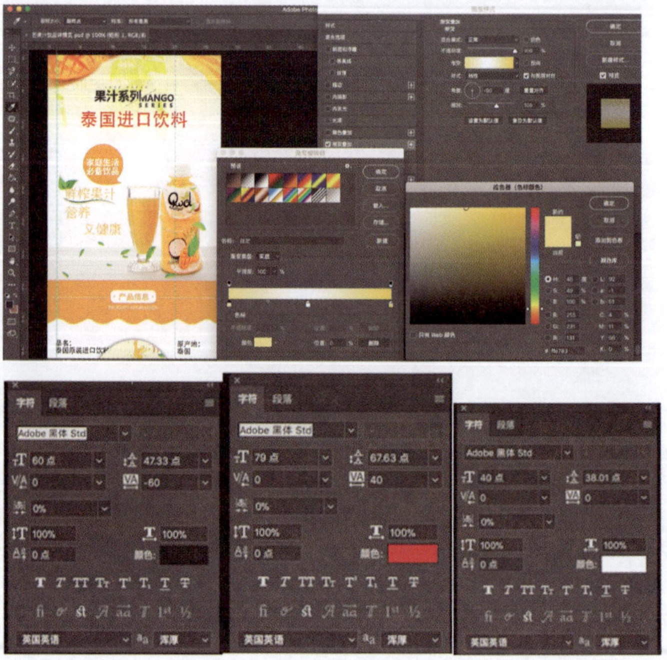

图 6-32 具体参数设置

图 6-33 头屏海报效果

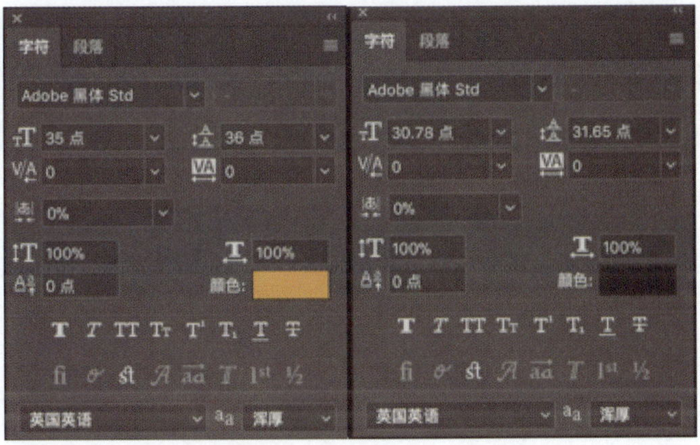

图 6-34 文案参数设置

（5）复制组，更改文案信息，文案参数设置如图 6-36 所示，插入图片素材并添加投影效果，添加文案信息。完成后按 Ctrl+G 组合键进行编组，效果如图 6-37 所示。

（6）复制组，更改文案信息，使用【椭圆形工具】画圆，插入图片素材，按住 Alt 键对圆形进行剪贴并添加投影效果，用【钢笔工具】选择虚线画线。完成后按 Ctrl+G 组合键进行编组，效果如图 6-38 所示。

（7）复制组，更改文案信息，使用【多边形工具】画五边形，插入图片素材，并对图进行剪贴，添加文案信息，效果如图 6-39 所示。

图 6-35 效果图—步骤（4）

图 6-36　文案具体参数设置

图 6-37　效果图—步骤（5）

图 6-38　效果图—步骤（6）

图 6-39　效果图—步骤（7）

（8）使用【自定义工具】画图案，复制，使图案连成一条线，如图 6-40 所示。插入图片素材，对图形进行剪贴，并添加文案信息，完成后按 Ctrl+G 组合键进行编组，效果如图 6-41 所示。

（9）复制组，更改文案信息，插入图片素材，效果如图 6-42 所示。

（10）最后效果图如图 6-43 所示。

图 6-40　使用自定义图形画图

图 6-41　效果图—步骤（8）

图 6-42　效果图—步骤（9）

图 6-43　最终效果图

[知识总结]

饮料类商品详情页制作的注意事项

饮料类商品详情页制作的前提是熟悉饮料类商品特质，只有熟悉商品特质才能挖掘买家痛点，明确详情页所要体现的内容。网购饮料类商品时，买家除了关注饮料的口感和成分外，最担心的应该是饮料类商品的生产日期、保质期及卖家如何解决长途运输遇到漏液、爆罐和包装变形等问题。因此，制作饮料类商品详情页时，除了产品口感和营养成分外，饮料类商品详情页还需要体现商品的生产日期、保质期、运输包装及售后保障。解决买家疑问，消除买家购买疑虑，这也是制作详情页的最终目的。

1. 商品信息

由于饮料是直接食用的，与人体健康密切相关，买家购买饮料时，了解商品信息是必不可少的。饮料类商品详情页商品信息模块内容应该包括宝贝名称、规格、产品产地、生产日期、保质期和储存方法，附加内容有商品特色、饮用提示。商品信息示例如图 6-44 所示。

图 6-44　商品信息

2. 营养成分

如今，不仅食品安全备受重视，人们在健康养生方面的关注度也越来越高，这些都造成了买家购买过程中的疑虑，尤其是网购食品类商品时，买家的疑虑更多。同理，饮料类商品详情页中的营养成分展示，能够让买家对商品成分一目了然，有效消除买家对于商品的疑虑。对于卖家而言，让买家清楚了解商品营养成分，也能够降低店铺售后投诉率，如图 6-45 所示。

3. 辅助文案

辅助文案内容没有限制，目的是加深买家对商品的印象，引发购买欲，进一步促进成交，辅助文案还可以提升详情页档次，如图 6-46、图 6-47 所示。

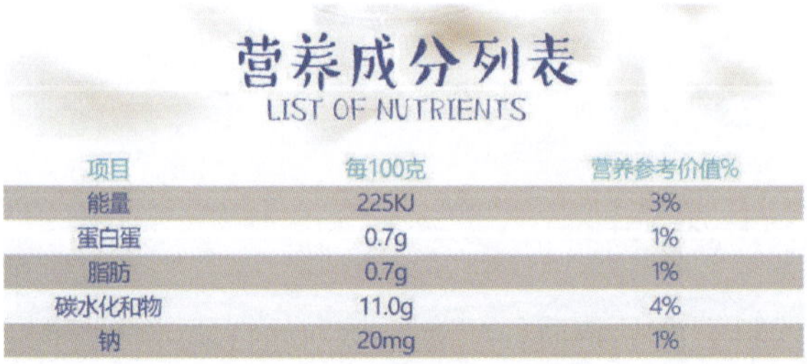

营养成分列表
LIST OF NUTRIENTS

项目	每100克	营养参考价值%
能量	225KJ	3%
蛋白蛋	0.7g	1%
脂肪	0.7g	1%
碳水化和物	11.0g	4%
钠	20mg	1%

图 6-45　商品营养成分列表

图 6-46　商品介绍

4. 售后保障，购物无忧

售后问题一直是网购痼疾，由于饮料类商品的特殊性，售后问题也是影响买家最终是否购买的因素之一。详情页售后保障模块中的安全承诺、客服售后服务、发货承诺、物流包装展示等内容，能够提高买家购买体验，消除买家最后的购买疑虑，有效促进转化，如图 6-48 所示。

图 6-47　温馨提示

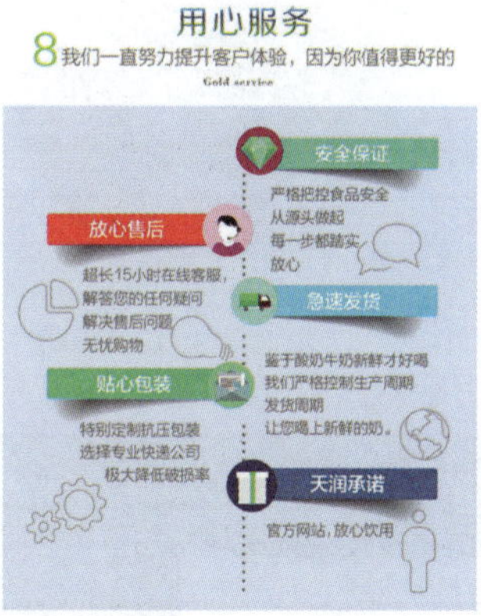

图 6-48　售后保障

任务五　坚果类商品的图片后期处理

网店零食坚果类商品摄影的核心有两点：一是表现食物的质感，如松软的、香脆的、绵延的、油腻的等；二是突出食物的新鲜，如美观可口、干净卫生，让人馋涎欲滴。食物质感呈现主要是光线布置的结果，食物的新鲜和摆布、道具、构图和拍摄角度有关。

（1）打开 Photoshop，在软件中新建白色背景板。

（2）导入素材照片，如图 6-49 所示。

图 6-49　导入素材

（3）使用【仿制图案工具】修饰坚果瑕疵，如图 6-50 所示。

（4）使用【色相 / 饱和度】调节画面色彩，如图 6-51 所示。

（5）使用【亮度 / 对比度】调节画面，如图 6-52 所示。

（6）原图与处理后的对比如图 6-53 所示。

图 6-50　修饰瑕疵

图 6-51　调节色相 / 饱和度

图 6-52　调节亮度 / 对比度

图 6-53　对比图

任务六　坚果类商品主图的设计与制作

（1）打开 PS，新建 800 像素 ×800 像素大小、背景为白色的画布，并插入背景素材。

（2）使用【矩形工具】画边框，描边色号为“ff8700”，如图 6-54 所示。

（3）使用【矩形工具】和【椭圆工具】绘制图形，合并图层并复制，将透明度改为 10，效果如图 6-55 所示。

（4）使用【圆角矩形工具】画图形，并添加文案信息，字体为“Adobe 黑体 Std”并成组，效果如图 6-56 所示。

（5）使用【自定义工具】绘制箭头，并添加文案信息，插入产品素材，效果如图 6-57 所示。

（6）在底部添加文案信息，使用【圆角矩形工具】画图案，最后成组，效果如图 6-58 所示。

（7）最终效果图如图 6-59 所示。

图 6-54　绘制边框

图 6-55 绘制图形

图 6-56 添加文案

图 6-57 插入产品素材

图 6-58 添加底部文案

图 6-59 最终效果图

任务七 零食坚果类商品海报的设计与制作

1. 零食坚果类商品海报的设计

零食坚果类商品海报是要体现出零食坚果的属性特点的，零食坚果是人们休闲时刻或聚会时的消遣食物，海报设计制作时需要营造休闲、轻松和快乐的氛围。可以通过以下几种方式来营造海报的氛围。

（1）添加动漫元素。在海报中添加动漫元素是零食坚果类海报设计常用的方式，尤其在近几年尤为突出，有条件的卖家还会设计符合店铺定位和形象的动漫形象。动漫元素表现出的可爱和萌感，会让海报氛围轻松活泼，能够迅速拉近与买家的距离，提高商品的转化率，如图 6-60 所示。

（2）暖色调。暖色的海报基调给人一种温馨舒适感，零食坚果类商品暖色调的海报设计是中规中矩的设计方式，可以保证零食坚果类海报氛围不会出错，在保证海报的质量的同时，又可以简单高效地设计制作海报，如图 6-61 所示。

图 6-60 添加动漫元素

图 6-61 暖色的海报基调

（3）主题。同其他类目相同，零食坚果类商品海报的主题一般分为促销类主题、节假日主题和商品卖点主题，如图 6-62 ～图 6-64 所示。提炼零食坚果类海报主题时，不仅要使文字应景，也要轻松幽默，有趣味性，以烘托海报氛围。

图 6-62 促销类主题

图 6-63 节假日主题

图 6-64 商品卖点主题

2. 零食坚果类商品海报的制作

（1）新建一个 1920 像素 ×900 像素的白色画布。

（2）插入素材，如图 6-65 所示。

图 6-65　插入素材

（3）新建文字图层，输入文案信息，使用参考线将文案信息进行对齐，如图 6-66 所示。

（4）输入文案信息，并在下方输入两行英文，作为陪衬文案，如图 6-67 所示。

（5）使用【矩形工具】画矩形，并标写文案，如图 6-68 所示。

（6）使用【矩形工具】，把“描边类型”换成“虚线”画矩形，并添加文案信息，效果如图 6-69 所示。

（7）最终效果图如图 6-70 所示。

图 6-66　输入文案

图 6-67　输入文案信息

图 6-68　绘制矩形

图 6-69　绘制虚线矩形

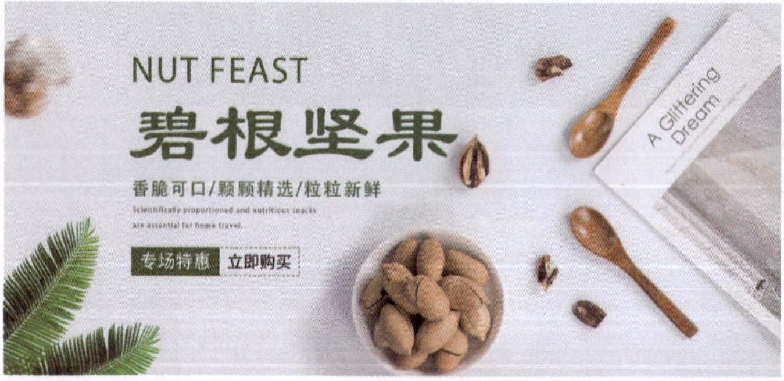

图 6-70　最终效果图

任务八　零食坚果类商品详情页的设计与制作

（1）选择素材照片，设计文案，如图 6-71 所示。

（2）打开 PS，新建大小为 790 像素 ×7018 像素的白色背景画布。

图 6-71　选择素材照片

（3）选择素材进行详情页头屏海报的制作，用【钢笔工具】绘制图案，再用【矩形工具】画框并添加文案信息，成组，效果如图 6-72 所示。

（4）输入文案，字体为“Adobe 黑体 Std”，并给文字添加渐变，文案渐变参数设置如图 6-73 所示，效果如图 6-74 所示。

图 6-72　添加文案效果—步骤（3）

图 6-73　渐变叠加具体参数

图 6-74　添加文案效果—步骤（4）

（5）插入曲线素材，添加文案并输入英文，作为陪衬文案。

（6）插入素材，用【钢笔工具】绘出曲线框，填充颜色“efcd85”，使用【矩形工具】画矩形并填充颜色“fb6a23”，输入文案信息，文案具体参数设置如图 6-75 所示，效果如图 6-76 所示。

（7）先绘制一条文案辅助线，用“黑体”编写大标题文案，颜色为“505050”，再使用【钢笔工具】，按住 Shift 键画虚直线，颜色为“91563b”，最后编组，如图 6-77 所示。

（8）先插入素材，用“兰亭黑—简”编写大标题文案，颜色为“763514”，再用【矩形工具】画矩形，小标题文案颜色为“ae7151”，最后编组，如图 6-78 所示。

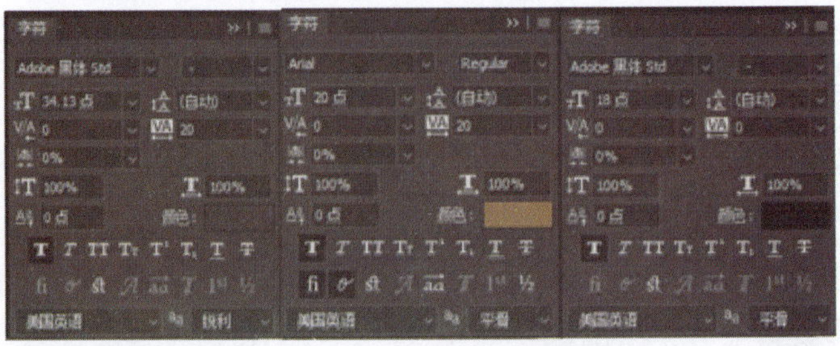

图 6-75　文案具体参数设置

图 6-76　“产品信息”效果

图 6-77　产品信息模块

图 6-78　效果图—步骤（8）

（9）插入素材，输入文案，字体为“兰亭黑 - 简”，编组并注意排版，如图 6-79 所示。

（10）先使用【矩形工具】画矩形，颜色为“f24e00”，文案字体为“兰亭黑 - 简”，插入素材，再使用【椭圆工具】按住 Shift 键画正圆，并添加渐变叠加效果，如图 6-80 所示。

（11）先插入素材，文案字体为“兰亭黑 - 简”，颜色为“ff6d28”，再使用【钢笔工具】，像素为 2 画线，使用【多边形工具】画三角形，如图 6-81 所示。

图 6-79 效果图—步骤（9）

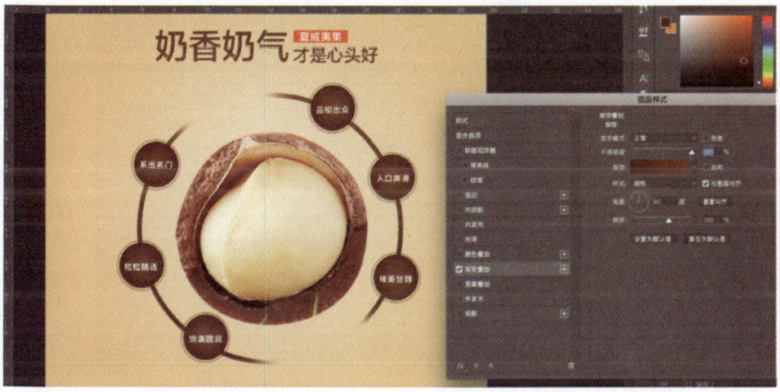

图 6-80 效果图—步骤（10）

图 6-81 效果图—步骤（11）

（12）使用【椭圆工具】画正圆，再用【钢笔工具】画直线，添加文案，字体为“兰亭黑 - 简”，颜色为“bba291”，最后编组，如图 6-82 所示。

（13）先插入素材，使用【椭圆工具】画正圆，复制图层，按 Ctrl+T 组合键变形后，再按 Alt+Shift+Ctrl+T 组合键，重复上一步；文案信息如上一步骤一致，如图 6-83 所示。

（14）最终效果图如图 6-84 所示。

图 6-82　效果图—步骤（12）

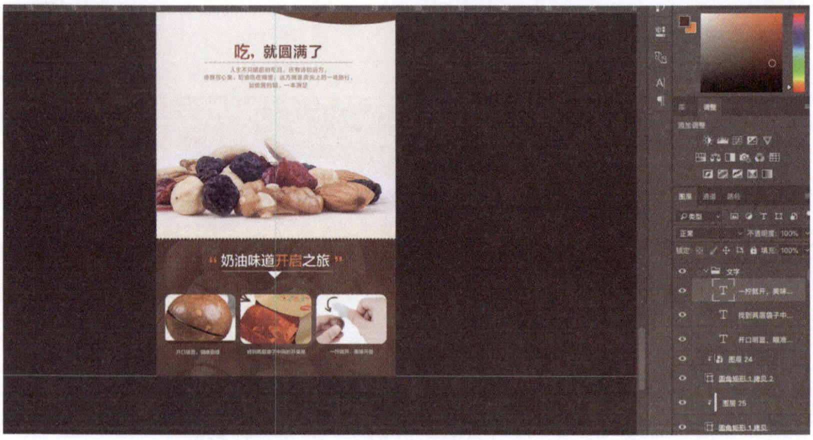

图 6-83　效果图—步骤（13）

图 6-84　最终效果图

【同步实训】

一、实训概述

本项目实训为饮料类与零食坚果类商品图片的制作，学生通过本项目的学习，能够掌握食品类商品后期处理的具体方法与技巧，并能完成商品的海报、详情页与主图的设计和制作。

二、实训素材

（1）装有 Photoshop 软件的计算机。

（2）饮料类与零食坚果类商品等。

三、实训内容

任务一　饮料类商品美化

步骤 1：学生利用 Photoshop 对拍摄照片进行后期美化处理。

步骤 2：学生根据商品特点完成主图、海报及详情图的设计与制作。

任务二　零食坚果类商品网图制作

步骤 1：学生利用 Photoshop 对拍摄照片进行后期美化处理。

步骤 2：学生根据商品特点完成主图、海报及详情图的设计与制作。

四、考核评价

表 6-1　考核评价表

<table>
<tr><td>项目名称</td><td colspan="5">食品类商品</td></tr>
<tr><td>任务完成方式</td><td colspan="5">小组协作完成
个人独立完成</td></tr>
<tr><td>评价项</td><td colspan="4">评价点</td><td>总分值</td></tr>
<tr><td>饮料类商品美化</td><td colspan="4">（1）能否对拍摄照片进行恰当的后期美化处理（20 分）
（2）能否根据产品特质设计并制作出符合饮料类商品要求的海报、主图及详情页（20 分）</td><td>40 分</td></tr>
<tr><td>零食坚果类商品网图制作</td><td colspan="4">能否设计并制作出符合零食坚果类商品要求的主图、海报及详情页（60 分）</td><td>60 分</td></tr>
<tr><td colspan="6">本主题学习单元成绩：</td></tr>
<tr><td>自我评价（20%）</td><td></td><td>小组评价（20%）</td><td></td><td>教师评价（60%）</td><td></td></tr>
<tr><td colspan="3">存在的主要问题</td><td></td><td></td><td></td></tr>
</table>

【巩固与提高】

一、单选题

下列不符合零食坚果类商品海报风格的是（　　）。

A. 可爱休闲　　B. 清新淡雅

C. 复古温馨　　D. 时尚商务

二、讨论题

如何提高零食坚果类商品详情页的质量？

三、实操题

教师提供一组零食坚果类商品，学生完成海报和主图的设计与制作，完成后以小组形式进行互评。

项目七

女装类商品

【学习目标】

知识目标：

（1）了解女装类商品的选品方法。

（2）掌握女装类商品后期处理时所用到的方法。

（3）熟悉女装类商品海报、主图及详情页的设计相关技巧。

能力目标：

（1）能够掌握女装类商品的选品与模特选择的方法。

（2）熟练掌握女装类商品图片的后期处理技巧。

（3）能够完成女装类商品淘宝海报、主图、详情页的制作。

网购服装随着电商的发展成为人们日常生活的主流。淘宝平台曾联合第一财经商业数据中心推出50余份数据分析报告，其中服装行业的研究报告指出，阿里巴巴大数据汇集了3.86亿消费者，超过1000万商家，10亿件商品的基本信息和行为数据，由此得出服装是线上起步最早规模最大发展最为成熟的行业，目前依然保持着较快增长。其中，能否通过商品图片将卖点准确传达给买家是判断服装类网店经营是否成功的要素之一。

随着国内消费市场规模不断扩大，消费加速升级，女性消费者对服装的个性化需求越来越高，因此只有定位明确的女装品牌才更容易得到消费者的认同。本项目以女装类商品为代表介绍女装类商品图片的后期处理技巧及商品海报、主图、详情页的设计要素、制作过程等。

任务一 女装类商品与模特的选择

1. 女装的选品

在网上开店，第一步必然是要有稳定且优质的货源，这样才能够吸引到买家。对于小本买卖经营女装品牌的网店来说，选择货源更是一件非常重要的事情。女性消费者在购买服装的时候，会更加看重服装的款式，款式有了吸引力，才能促使消费者购买。那么，网店的经营者该怎样决定自己的店铺要销售什么款式的女装呢？

（1）选择时尚潮流款。活跃的买家，他们买东西往往注意两个点：一个是价格，另外一个是品牌。当然了，对于“大”卖家来说，他们有的不仅是品牌，还有销量作为支撑点，即使卖的是基础款，也会因为有良好的信誉度而不缺买家。而对于“小”卖家来说，卖基础款明显是不占据优势的，所以，关注时尚潮流的发展来选款是帮助小卖家们快速提升销量的明智之举。

（2）注意风格和价位。卖家们在选择时尚潮流款式时，要注意风格和价位两个要点。现在主流是韩版风格和欧美风格，因此卖家们选择风格时，为了保险起见，建议避开小众风格而选择主流风格为好。而在价位区间上，最好选取中端货，这样既保证了利润空间，又容易被买家接受。

（3）货源选择优势地区。广州与杭州是女装服饰类网店进货的热门地区，但相比起杭州，广州有着世界最大的服装产业群，从面料、加工和分销市场来说都是有着绝对优势的。建议在货源选择上，广州可作为优先选择地区。

（4）打造关联营销。在选购的时候，女性卖家往往会在网店服装销售过程中特别注意服装的搭配售卖。如果商品搭配得好的话，很容易激发买家的购买兴趣，以一件商品促进多件商品的转化。因此，在进行选品时，也应着重考虑搭配类服饰的选择。

2. 女装模特选择

女装类商品模特是平面模特的一种，其工作是通过摄影镜头展示产品（主要是服装），将实物转化为通过真人展示的图片供网店使用，让网购消费者对产品有更深刻的了解，从而促进网店产品销售。

模特作为品牌概念传达的载体，一定程度上是品牌的代言人。因此，必须寻找和品牌的气质相吻合的模特。在挑选合适的女装模特之前，首先需求明确品牌的特点与风格。想通过拍摄传达给买家怎样的品牌体验？如，商品针对的消费群体是崇尚简约自由的文艺女青年，那么在选择模特时，就应选择符合文艺气质的女装模特。

其次，女装的季节款式变化较大，每一季产品的表现方式都不一样，上季的模特未必适合本季。所以选择模特时，必须要根据此次的拍摄脚本与风格进行选择。不但如此，每个服装品牌的主打产品不同，对于模特的身体比例、形体特点都有不同的要求。比如，欧美休闲女装就偏好胸围较小、体型修长的女模特。

任务二 女装类商品的图片后期处理

（1）打开 Photoshop，在软件中新建大小为 761 像素 ×841 像素的画布。

（2）导入素材照片，如图 7-1 所示。

图 7-1 导入素材

（2）新建图层，使用【钢笔工具】绘制衣摆下边缘的褶皱部分并吸取衣服的暗部颜色填充，再使用“高斯模糊”对话框进行处理，如图 7-2 所示。

（3）再将“图层模式”选择为“正片叠底”，将“透明度”降低 20%，以此分别做出下半部分褶皱的暗部和亮部，效果如图 7-3 所示。

（4）同理再做出衣袖和上半部分的褶皱部分，效果如图 7-4 所示。

（5）复制原素材图层，按 Ctrl 键单击建立选区，给图层填充暗色，再添加“滤镜”→“高斯模糊”。再将图层向右下移一点作为阴影，如图 7-5 所示。

（6）原图与处理后的对比，如图 7-6 所示。

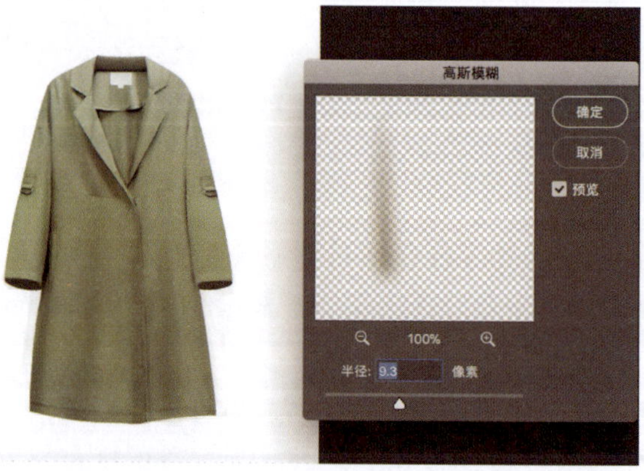

图 7-2 “高斯模糊”对话框参数设置

图 7-3 绘制褶皱

图 7-4　绘制其他地方的褶皱

图 7-5　制作阴影

处理前　　处理后

图 7-6　对比图

任务三　女装类商品主图的设计与制作

（1）打开 PS，新建大小为 800 像素 ×800 像素、背景为白色的画布，并插入背景素材，如图 7-7 所示。

（2）填充背景颜色，如图 7-8 所示，用【椭圆工具】，同时按住 Shift 键画正圆，并填充颜色，如图 7-9 所示。

（3）用【矩形工具】画矩形，并添加文案，字体为“兰亭黑 - 简”，如图 7-10 所示。

（4）用【文字工具】输入英文文案，字体为“Adobe Caslon Pro”；使用【矩形工具】画一条矩形装饰线，添加文案，字体为“兰亭黑 - 简”，并添加装饰英文，如图 7-11 所示。

（5）使用【椭圆工具】画正圆，并添加文案。用【画笔工具】画投影，透明度为 30，如图 7-12 所示。

（6）最终效果图如图 7-13 所示。

图 7-7　插入素材

图 7-8　填充背景颜色

图 7-9　画正圆并填充颜色

图 7-10　绘制“热销”标识

图 7-11　添加矩形和文案

图 7-12　绘制投影

图 7-13　最终效果图

任务四　女装类商品海报的设计与制作

1. 女装海报的设计

一张成功的海报，能瞬间吸引消费者的目光，从而增加消费者的停留时间及加强印象。因此海报设计必须目的明确和排版美观，在制作时应注意版式的选择、色彩的搭配、文案的营销性等三个方面内容。常见的海报可分为两种：一种是尺寸为 1920 像素 ×500 像素 / 1920 像素 ×600 像素的全屏海报，另一种为 950 像素 × 自定义像素的 950 海报。

（1）在进行女装海报设计之前，需要先确定海报呈现的版式，常见的女装海报版式有6种。

①平行式排版。平行式排版是三大常见的排版方式之一，图片与文字各占海报的相等区域。这种排版的文案要能高度概括活动主题，不然就没有看点；缺点在于略显呆板，缺乏变化，容易千篇一律，如图7-14所示。

②纵列式排版。纵列式排版也是三大常见的排版方式之一，图片与文字平分秋色，只不过它的主标题是以纵向排列的方式呈现的。与平行式排版相比，纵列式排版的优点是增加层次感和丰富度；缺点是容易造成画面的比例失衡，导致头重脚轻，如图7-15所示。

图7-14 平行式排版

图7-15 纵列式排版

③对称式排版。对称式排版给人稳定、庄重、理性的感觉。对称分为绝对对称和相对对称，一般多采用相对对称，以避免过于严谨，增加动感和观赏度，如图7-16所示。

图7-16 对称式排版

④文字型排版。文字型排版多见于大品牌的海报，因为大品牌已经积累较强的品牌力，文字比图片更能帮助它展现品牌力，简洁有力但缺乏表现力，如图7-17所示。

图7-17 文字型排版

⑤平铺式排版。平铺式排版活动促销海报的制作手法，能直观地展现促销产品和突出标题文案，如图 7-18 所示。

图 7-18　平铺式排版

⑥排列式排版。排列式排版是最方便简单的版式，把产品简单排列后作为背景，然后在前面贴一个促销信息，稍微调整一下文字排版，这样一张简单的海报就诞生了，如图 7-19 所示。

图 7-19　排列式排版

（2）用好配色。确定好版式后，接下来就需要考虑海报的配色问题了。网店海报在页面中是占据较大的位置的，同时也是最能吸引顾客的目光的。因此，一张优秀的海报往往是能带来不错的点击率的。设计除了要有创意外，配色也同样重要。

每一种颜色都有它们代表的含义与性格，因此可以根据海报的目的来选择颜色。常用于促销的颜色有红色、黄色、橙色、紫色。这几种颜色能给人一种热情奔放、活力四射的感觉，具有鼓动情绪的作用，非常适合做活动促销。又比如常见的家电、数码产品用色主要是蓝色、灰色、红色、黑色、白色这几种。因为家电数码这一类产品的海报设计多为凸显科技感，会使用一些较为刚硬的颜色，力求给人一种酷炫的感觉。

通常在进行海报配色时，可运用以下三种方法选择最适合自身店铺海报的配色。

①同色相搭配。一种色相的不同明度或不同纯度变化的对比，俗称同类色组合，如蓝与浅蓝（蓝＋白），绿与粉绿（绿＋白）与墨绿（绿＋黑）色等对比。对比效果统一、文静、雅致、含蓄、稳重，如图 7-20 所示。

图 7-20　同色相搭配海报

②邻近色搭配。色相环上相邻的二至三色对比，色相距离大约 30 度，为弱对比类型。如红橙、橙与黄橙色对比等，效果感觉柔和、和谐、雅致、文静，但也感觉单调、模糊、乏味、无力，必须调节明度差来加强效果，如图 7-21 所示。

③对比色搭配。色相距离约 120 度，为强对比类型，如黄绿与红紫色对比等，效果强烈、醒目、有力、活泼、丰富，但也不易统一而感杂乱、刺激，造成视觉疲劳。一般需要采用多种调和手段来改善对比效果，如图 7-22 所示。

图 7-21　邻近色搭配海报

图 7-22　对比色搭配海报

（3）文案花式。在有了版式与配色方向后，文案在海报中的作用同样不可忽视。带有精准营销引导的文案能让海报起到“画龙点睛”的效果。那么海报的标题文案要怎么设计呢?

①突出活动促销信息。按节日、主题、活动、类目这几个方向收集文案。以七夕为例，以爱之名、一起装饰爱、七夕钜献、约惠七夕、倾情钜献等，以节日氛围结合营销是最常见的文案表述，如图 7-23 所示。

图 7-23　主题文案

②结合时事热点。网店平台，如淘宝就是一个“草根”的聚集地，在文案构思方面可以灵活运用网络用语，这样可以让消费者产生贴近的心理，如图 7-24 所示。

图 7-24　热点文案

③引发共鸣。选择一些容易引起共鸣的文案，这样既可以增加趣味性，又可以引起消费者点击的欲望。当然也少不了要结合产品的卖点，如图 7-25 所示。

图 7-25　引发共鸣的文案

如图 7-26 所示，这张女装海报的设计在版式上很好地应用了对称式排版，并利用阴影效果突出了女装模特对商品的展示。在文案设计方面，为了丰富画面，其选择结合几何图形呈现文案内容，让画面更具动感。不但如此，为了更好地贴合秋装的主题，海报中还增加了一些秋天的元素——枫叶素材，整张海报的设计不但严谨、层次分明，并且在视觉体验上尽显大方得体。

图 7-26　女装海报主图

2. 女装海报的制作

（1）新建一个大小为 1920 像素 ×900 像素的白色画布。

（2）拖曳背景素材，新建图层并填充颜色“feeed4”“c08b5b”，作辅助线参考，搭建海报背景，如图 7-27 所示。

（3）拖入产品素材，使用【矩形工具】，以描边 17 像素绘制边框，并再画一个像素单位为 4 的画框，把图形栅格化，用【矩形选框工具】对图形进行删减，效果如图 7-28 所示。

（4）使用【文字工具】，字体为“Adobe 黑体 Std”“兰亭黑 - 简”，添加文案，效果如图 7-29 所示。

（5）使用【自定义工具】画形状，并添加装饰英文，丰富画面，字体为“Arial”。

（6）最终效果图如图 7-30 所示。

图 7-27　搭建海报背景

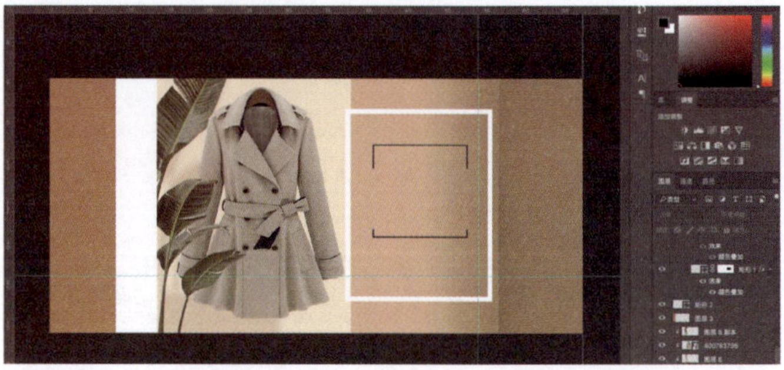

图 7-28　具体效果图—步骤（3）

图 7-29　具体效果图—步骤（4）

图 7-30　最终效果图

任务五　女装类商品详情页的设计与制作

（1）选择素材照片，设计文案，如图 7-31 所示。

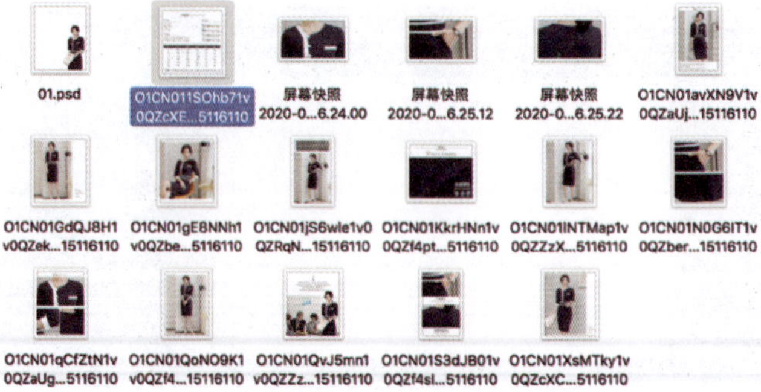

图 7-31　选择素材照片

（2）打开 PS，新建大小为 790 像素 ×15404 像素的画布。

（3）选择素材进行详情页头屏海报的制作，使用【矩形工具】画矩形，添加渐变，颜色为“7e7cae”“e0b0bd”，再画一个矩形，按 Ctrl+T 组合键斜切，插入模特素材，并添加投影，如图 7-32 所示。

（4）使用【文字工具】添加文案，字体为“兰亭黑 - 简”“Adobe 黑体 Std”，数字参数设置如图 7-33 所示，添加英文装饰和自定义图形，并编组，效果如图 7-34 所示。

（5）使用【矩形工具】绘制矩形，描边大小为 1 个像素单位，颜色为“969696”，再用【矩形选框工具】剪线框。添加文案，字体为“Adobe 黑体 Std”，具体参数设置如图 7-35 所示，插入素材并画矩形，按 Alt 键对矩形进行剪贴，并编组，效果如图 7-36 所示。

（6）插入产品信息和面料信息素材，使用【文字工具】添加标题，字体为“Adobe 黑体 Std”，用【矩形工具】画线、画矩形，颜色为“ffacb6”，并添加英文装饰，效果如图 7-37 所示。

图 7-32　插入素材

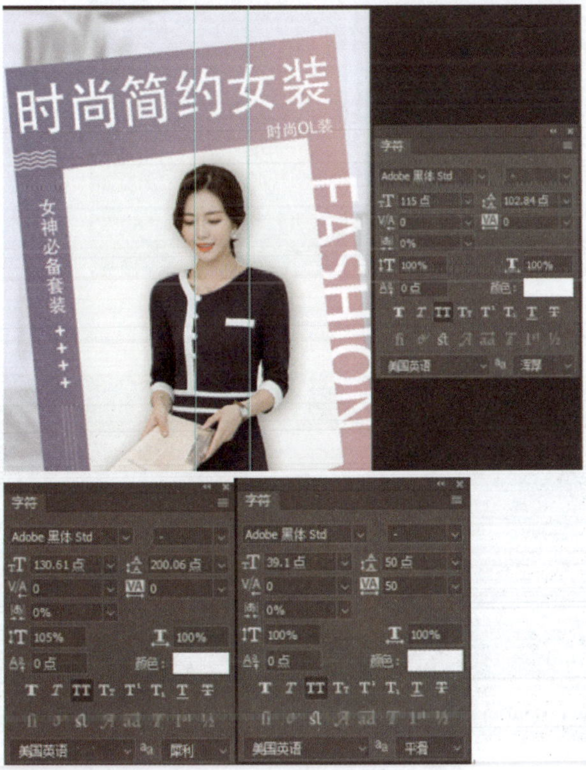

图 7-33　数字参考设置

图 7-34　头屏海报效果

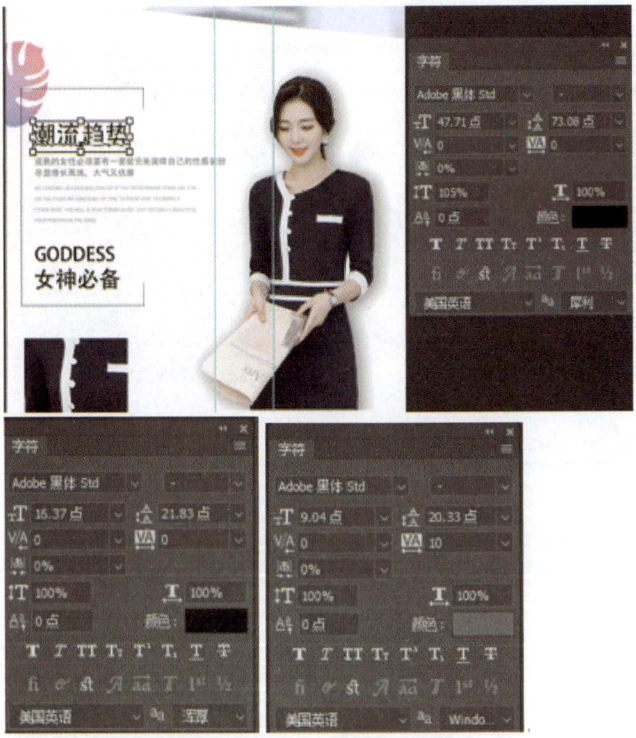

图 7-35　具体参数设置—步骤（5）

图 7-36　具体效果—步骤（5）

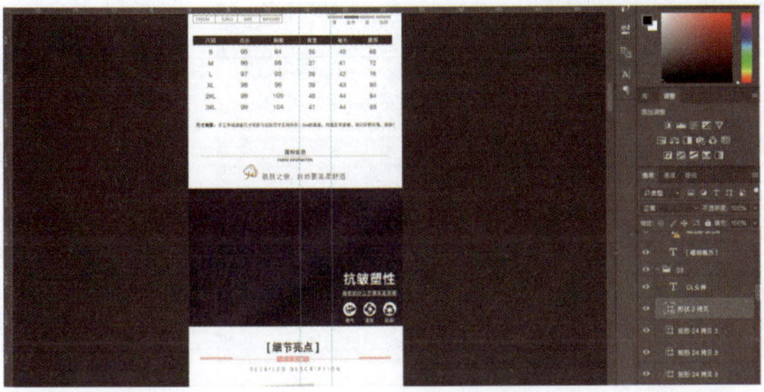

图 7-37　产品信息模块

（7）使用【矩形工具】，描边为 1 个像素单位画矩形，颜色为“ffacb6”，再画一个矩形添加素材，按 Alt 键对矩形进行剪贴，在右边画矩形并添加渐变及文案，颜色为“a6bcfb”“f8b0c4”，字体为“Adobe 黑体 Std”，复制并修改文案，文案参数设置如图 7-38 所示，并编组，细节亮点模块效果如图 7-39 所示。

（8）复制栏目标题，修改文案，插入素材，并编组，模特展示模块效果如图 7-40 所示。

（9）复制栏目标题，修改文案，插入素材，并编组，细节展示模块效果如图 7-41 所示。

（10）最终效果图如图 7-42 所示。

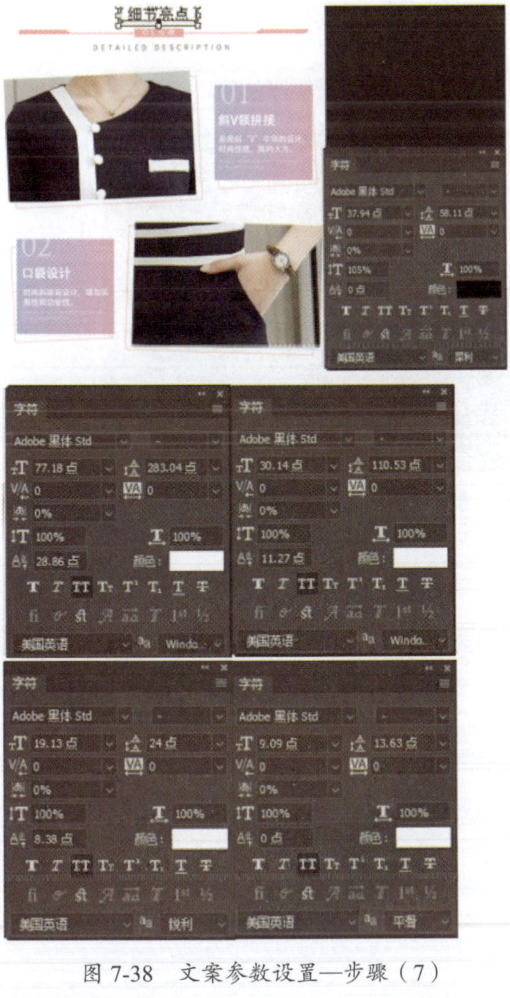

图 7-38　文案参数设置—步骤（7）

图 7-39　细节亮点模块效果

图 7-40　模特展示模块效果

图 7-41　细节展示模块效果

图 7-42　最终效果图

【同步实训】

一、实训概述

本项目实训为女装类商品图片的制作，学生通过本项目的学习，能够掌握女装类商品后期处理的具体方法与技巧，并能完成商品的海报、详情页与主图的设计和制作。

二、实训素材

（1）装有 Photoshop 软件的计算机。

（2）女装类商品等。

三、实训内容

任务　女装类商品拍摄与美化

步骤 1：学生利用 Photoshop 对拍摄照片进行后期美化处理。

步骤 2：学生根据商品特点完成主图、海报及详情图的设计与制作。

四、考核评价

表 7-1　考核评价表

<table>
<tr><td colspan="2">项目名称</td><td colspan="4">服装类商品</td></tr>
<tr><td colspan="2">任务完成方式</td><td colspan="4">小组协作完成
个人独立完成</td></tr>
<tr><td colspan="2">评价项</td><td colspan="3">评价点</td><td>总分值</td></tr>
<tr><td colspan="2">女装类商品拍摄与美化</td><td colspan="3">（1）女装选品是否符合市场要求（20 分）
（2）能否对女装图片进行恰当的后期美化处理（30 分）
（3）能否设计并制作出符合女装类商品要求的主图、海报及详情页（50 分）</td><td>10 分</td></tr>
<tr><td colspan="6">本主题学习单元成绩：</td></tr>
<tr><td>自我评价（20%）</td><td></td><td>小组评价（20%）</td><td></td><td>教师评价（60%）</td><td></td></tr>
<tr><td colspan="6">存在的主要问题</td></tr>
<tr><td colspan="6"></td></tr>
</table>

【巩固与提高】

一、单选题

常见的海报可分为两种，一种是尺寸为 1920 像素 ×500 像素 /1920 像素 ×600 像素的全屏海报，另一种尺寸为（　　）。

A. 750 像素 × 自定义像素　　B. 950 像素 × 自定义像素

C. 650 像素 × 自定义像素　　D. 850 像素 × 自定义像素

二、讨论题

如何选择合适的服装模特？

三、实操题

教师提供一组由于拍摄不当导致商品图亮度过高的素材，学生根据教师的素材进行图片的后期修正，完成后以小组形式进行互评。

项目八

视频剪辑制作

【学习目标】

知识目标：

（1）了解并能够识别视频拍摄的常用硬件。

（2）了解淘宝视频的类型，并能总结各个类型的特点。

（3）明确商品拍摄的基本流程，熟知每个流程对于视频拍摄整体的意义。

（4）了解全景主图的制作方法，熟知全景主图的拍摄思路。

能力目标：

（1）能够熟练掌握视频拍摄的基本流程。

（2）能够根据商家要求，撰写淘宝视频拍摄的脚本。

（3）能够使用拍摄工具完成9秒主图视频、首页视频及详情页视频的拍摄任务。

（4）能够根据实际需求完成9秒主图视频、首页视频和详情页视频的内容剪辑制作。

电子商务的崛起改变了人们的购物习惯，但是随着人们对网购的依赖程度越来越高，通过平面设计对产品进行展示的方式已经不能完全满足人们对于产品信息获取的需求，在这个时候，通过视频来展示商品的方式也就应运而生了。

电子商务网站视频的出现和应用，给原本单一的产品展示方式提供了更大的创意空间。而且视频本身在消费者心中就有着“高大上”的形象，而正是这样的一种认知，使得拥有优秀视频的电商更容易获得消费者的青睐；同时视频制作的好坏，也逐渐成了评判商家店铺实力的一个相对重要的标准。所以，越来越多的店铺选择制作视频来向买家展示商品，提升店铺形象。

任务一 淘宝视频认知

（一）拍摄器材与软件认知

数字媒体技术的不断发展，大大地降低了视频制作的门槛。如今，视频制作已经逐渐大众化，并不需要很高的入门条件就可以制作出很不错的视频。下面按照整个淘宝视频制作流程简单介绍拍摄制作淘宝视频的硬件和软件要求。

1. 拍摄设备

拍摄设备可以是手机、DV、单反相机、微单相机等，但是出于对拍摄质量的要求及镜头的多样化，尽量选择单反或者是微单相机，如佳能 EOS 5D（见图 8-1）系列单反相机和 SONY ILCE-7S（见图 8-2）微单相机等，因为两者皆在视频拍摄方面有着非常杰出的功能，也是很多摄影师拍摄视频短片的首选。

图 8-1 佳能 EOS 5D

图 8-2 SONY ILCE-7S

在镜头方面，常用的有三款镜头，分别为：蔡司全画幅标准变焦镜 FE 24-70mm F4、远射变焦镜头 FE 70-200mm F4 及蔡司定焦镜头 FE 55mm F1.8。变焦镜头是在一定范围内可以变换焦距，从而得到不同宽窄的视场角、不同大小的影像和不同景物范围的照相机镜头。变焦镜头在不改变拍摄距离的情况下，可以通过变动焦距来改变拍摄范围，从而就可以改变画面在镜头中的大小，因此非常有利于画面构图，也省去了为了拍摄一个画面而频繁布置拍摄场景的麻烦。定焦镜头特指只有一个固定焦距的镜头，只有一个焦段，或者说只有一个视野。定焦镜头没有变焦功能，其设计相对变焦镜头而言要简单得多，但一般变焦镜头在变焦过程中对成像会有所影响，而定焦镜头相对于变焦机器的最大好处就是对焦速度快，成像质量稳定。不少拥有定焦镜头的数码相机所拍摄的运动物体图像清晰而稳定，对焦非常准确，画面细腻。

（1）蔡司全画幅标准变焦镜 FE 24 ～ 70mm F4（见图 8-3）。这款镜头能够实现 24 ～ 70mm 的变焦范围，在不移动摄像机的情况下，可以轻松实现景别的变换。而且这款镜头拥有光学防抖稳定图像的功能，这个功能可以大大减少相机抖动引起的图像模糊现象，尤其是在微距手持拍摄的情况下，效果非常突出，如图 8-4 所示。

图 8-3　蔡司全画幅标准变焦镜头

图 8-4　蔡司全画幅标准变焦镜头拍摄效果

（2）远射变焦镜头 FE 70 ～ 200mm F4（见图 8-5）。这款轻量级的长焦变焦镜头是理想的全画幅推荐搭配镜头。这款镜头拥有恒定的 F4 最大光圈，当变焦或对焦时，镜头的实际长度不会发生改变。镜身上设有对焦保持、范围限制器等按键，操作方便快捷，如图 8-6 所示。

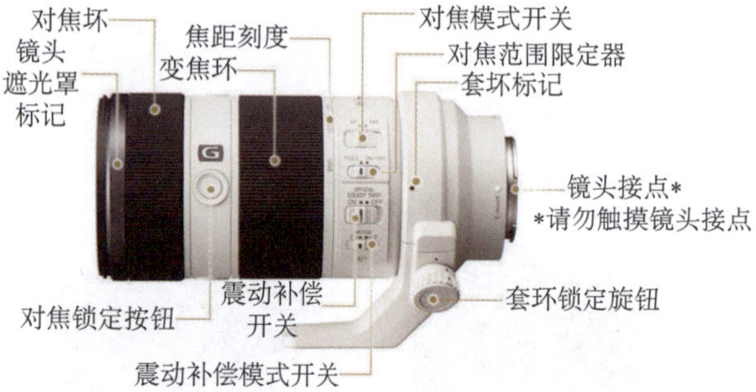

图 8-5　远射变焦镜头 FE 70 ～ 200mm F4

图 8-6　远射变焦镜头 FE 70 ～ 200mm F4 拍摄效果

（3）蔡司定焦镜头 FE 55mm F1.8（见图 8-7）。这款镜头拥有很强的对比度和分辨率，55mm 的视角范围近似于人眼的视角，可以带来很强的临场感，可以打造令人舒适愉悦的写实风格，如图 8-8 所示。

图 8-7　蔡司定焦镜头 FE 55mm F1.8

图 8-8　蔡司定焦镜头 FE 55mm F1.8 拍摄效果

2. 灯光

在视频拍摄中，经常用到的灯光器材有：聚光灯、三基色日光灯、LED 摄影灯，以及其他的附件，包括 C 型灯架和各种类型的旗板。

（1）聚光灯。聚光灯是使用聚光镜头或反射镜等聚成光，反射灯的点光型比较简单，照度强，照幅窄，便于超场景中的特定区位集中照射，是微电影和广告片中使用最多的一种灯，功率从 300W 到 4kW 不等。聚光灯如图 8-9 所示。

（2）三基色日光灯。三基色日光灯，又叫三基色荧光灯或者三基色冷光灯。三基色日光灯指通过使用 R（红）、G（绿）、B（蓝）3 种颜色光谱的灯管而发光的灯具，具有发光柔和、亮度均匀、无频闪、能见度高、耐高压、无电热灾害的特点，这种灯在打亮环境、提亮面部方面具有很大的作用，如图 8-10 所示。

图 8-9　聚光灯

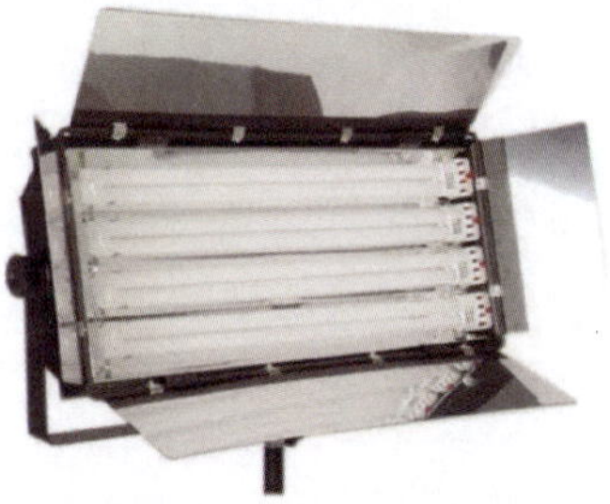

图 8-10　三基色日光灯

（3）LED 摄影灯。在室外或夜晚拍摄的时候，有时候会没有电源，此时就需要一款可以随身携带，又自带电源的灯。LED 摄影灯无疑是一个很好的选择，如图 8-11 所示，这种灯由 LED 灯珠组合而成，发光效率高，显色指数高，色彩还原好，可调色温，而且自带电源，便于携带，是拍摄低成本广告的不二首选。

（4）附件。

①C 型灯架（见图 8-12）。又称“魔术腿”，在影视作品中常用它来进行大型附件和灯具的悬挂。比如在拍摄过程中，当用作轮廓的灯具因为灯架而穿帮时，C 型灯架可以利用其顶端的长杆将灯具挑起，这样灯架就不会出现在画面中了。

②旗板（见图 8-13）。旗板一般分为黑色旗板、反光旗板和柔光旗板，市场上的旗板大都是将这些功能聚合在一起的多功能旗板。在使用聚光灯时，聚光灯所打出来的光属于硬光，如果将聚光灯的光打在人体或者是物体的表面就会有轮廓分明的阴影，为了满足拍摄的效果，此时就会使用旗板来将聚光灯所照射出来的硬光转化为柔光，让光线在物体表面呈现的效果更加柔和，如图 8-14、图 8-15、图 8-16 所示。

图 8-11　LED 摄影灯

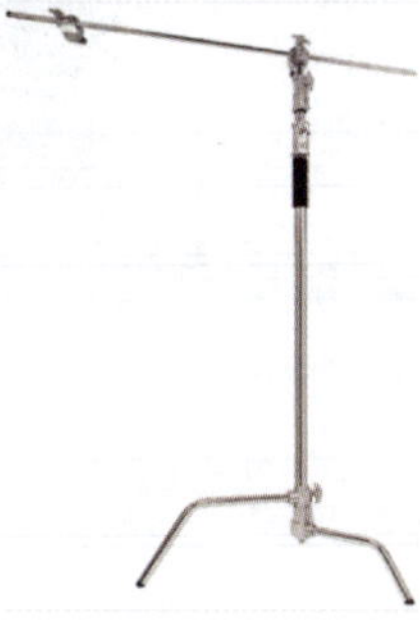

图 8-12　C 型灯架

图 8-13　旗板

图 8-14 硬光

图 8-15 柔光

图 8-16 旗板的使用

3. 视频剪辑软件

视频剪辑软件，即在计算机上安装的视频剪辑软件。市场上的剪辑软件有很多，主流的有 Edius、Premiere、会声会影等，这些软件各有优势，本教材选用了会声会影 X8 作为视频剪辑制作的软件，因为相较于其他视频剪辑软件，会声会影操作简单方便，且该软件提供了完整的视频编辑流程和解决方案，功能非常齐全。

（二）淘宝视频分类认知

淘宝视频是为了展示商品特点或者阐述卖家理念而去策划制作的淘宝级广告。它是一种工具，是用来达到商家所期望效果的工具。所以，在拍摄视频之前，就需要对商品特点或者卖家开店理念有一个详尽的了解，然后通过对整体视频创意的策划、拍摄镜头的设计，以及后期剪辑的技巧，来进一步生动地将商家所要展示出来的信息通过视频表现出来。根据呈现位置的不同，淘宝视频可以分为 3 大类。

（1）9 秒主图视频：在商品主图位展示。

（2）商品描述视频：在商品描述页展示。

（3）首页宣传视频：在首页展示。

1. 9 秒主图视频

商品详情页首屏第一个商品主图位置出现的视频，就是主图视频，如图 8-17 所示。由于产品的主图位置是买家进入详情页的第一眼所见，因此主图以 9 秒影音视频的方式呈现，将大大增加消费者在店铺的停留时间，同时会使得商品卖点特性表现更直观。如某金属支架的 9 秒主图视频中，商家通过拍摄在支架上不同质量的重物悬挂视频，形象地体现出支架结实耐用的特点。消费者通过 9 秒主图视频，对产品的质量产生了直观的认识，从而提升了消费者的购买欲望，提高了店铺的转化率。

图 8-17 某女装详情页主图视频

2. 商品描述视频

商品描述视频即商品详情页视频，主要放在商品描述页面，与静态的图片相结合，对商品有一个更加全面的展示，通常商品描述视频大体可以分为 5 种类型。

（1）功能类。介绍商品如何使用或者如何组装等，使得买家对于商品的功能或者使用方法有更加直观的了解，适宜具有功能的类目或需要组装的产品，如图 8-18 所示是山地自行车的组装视频截图。

图 8-18　山地车详情页组装视频截图

（2）展示类。展示商品的动态效果，使得买家能够更加直接地看到商品，适宜的商品类型有服装、箱包、鞋等，如图 8-19 所示。

图 8-19　女装店铺详情页街拍视频截图

（3）流程类。对商品的产地、选材及加工过程进行展示，适宜的商品类型有食品、保健品、婴儿用品等，如图 8-20 所示。

（4）概念类。将商品的理念通过艺术的拍摄方式或者故事情节展现出来，适宜的商品类型有化妆品、香水等，如图 8-21 所示。

（5）直销类。由直销人员对商品的各个特点进行介绍，适宜的商品有家纺、饰品、电子产品等，如图 8-22 所示。

当然，有很多类目适宜多种拍摄形式，这里也只是简单地举例，在实际的拍摄过程中，商品视频拍摄形式的选取要与商品描述相结合，取长补短，这样才能够更加多面地展现商品的特性。以珠宝饰品为例，商品描述中用到的饰品图片主要是商品详情，同时，商品描述也已经过多阐述了商品的细节及整体的穿戴效果，那么在视频的拍摄形式上可以选择概念类，通过对一个佩戴首饰女性形象的塑造，筹划视频拍摄的镜头，将饰品的设计理念融入视频里，让买家在感性上和理性上对于商品都能够有更加充分的认识，从而提升商品在买家心中的价值，如图 8-23、图 8-24 所示。

商品描述视频的长度不宜太长，太长的视频会导致加载缓冲时间变长，同时买家也不会耐心去看，一般控制在 2 分钟以内，最好是 1 分钟左右。

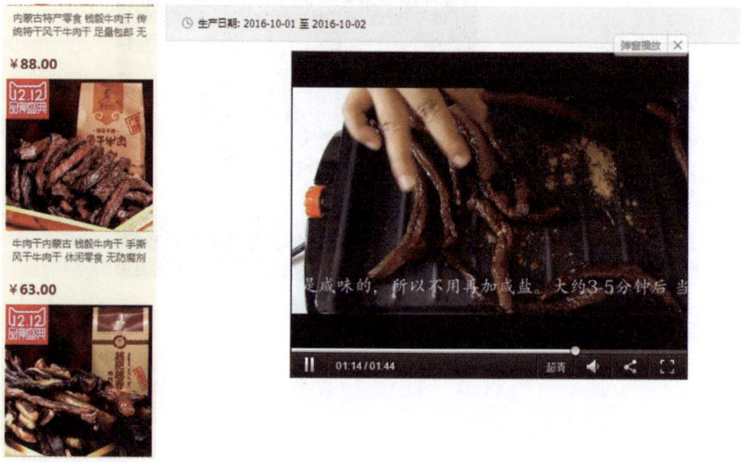

图 8-20 熟食店铺牛肉干制作工艺视频截图

图 8-21 香水详情页理念型视频截图

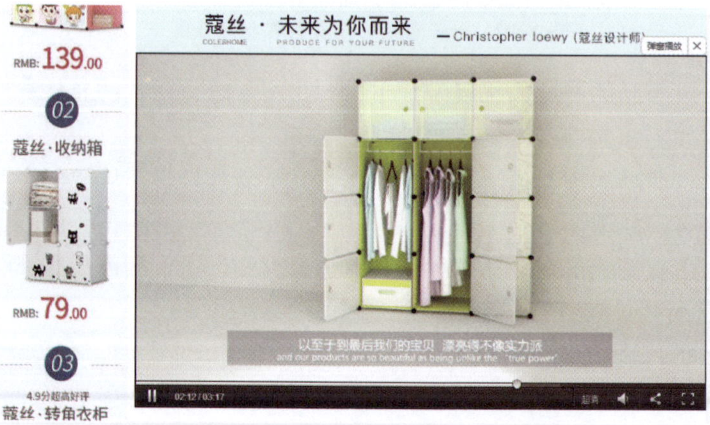

图 8-22 家具详情页产品特点讲解视频截图

图 8-23　某饰品详情页视频内容展示一

图 8-24　某饰品详情页视频内容展示二

3. 首页宣传视频

首页宣传视频顾名思义，就是放置于店铺首页用于店铺宣传的视频。好的首页宣传视频可以大大提高买家对于店铺的认同感，增加店铺被收藏的概率。如图 8-25 所示为某女装店铺的首页宣传视频截图，内容讲述的是在巴黎时装周上，模特身穿该品牌服饰参加走秀的现场视频。因为在大家心目中，巴黎时装周所展现的时装品牌都会有非凡的设计和品位，把该视频放在首页进行宣传，可以使观看该视频的消费者对店铺所出售的商品产生信赖和追捧心理，从而帮助店铺更好地销售商品。

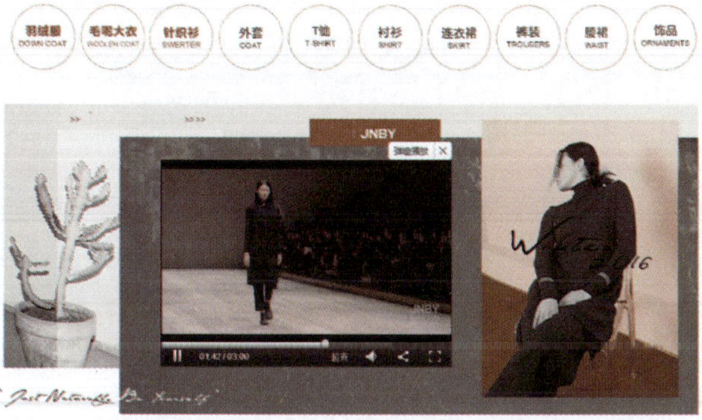

图 8-25　某女装店铺首页宣传视频截图

以上介绍了淘宝视频的三种视频类型，那么如何去评判一个制作的视频到底是否优秀呢？通常对于一个好的宣传视频，首先，要有店铺理念。店铺理念就是宣传视频的灵魂，只有有了灵魂，才能扣住人心，视频的所有镜头与文案都要围绕店铺理念来设计。其次，与店铺的整体装修吻合，表现店铺理念的宣传视频一定要与店铺装修的风格相符合，这样才能在买家心中营造出店铺的品牌感。符合这两点的视频，必然会是一个好的宣传视频。

任务二 淘宝视频的制作

（一）淘宝视频制作的流程

淘宝视频的拍摄和制作，涉及了多个岗位的协调和配合，按照一定的流程顺序执行，能够大大地提高工作的效率。

1. 淘宝视频制作的流程

（1）沟通和了解。在制作之前，视频拍摄人员需要和卖家进行详尽的沟通，了解整个产品的特性、卖家对于产品的理解，以及卖家制作视频的意图。淘宝视频的拍摄目的还是要为商品服务的，所以，有效的沟通和了解可以帮助创作人员加深对商品的认知，同时在和卖家的交流过程中，也会开阔创作人员的创作思路。

（2）策划和创意。在沟通和了解充分以后，创作人员需要对整个视频进行策划，策划的内容包括对于卖家视频制作意图的修改和建议、视频的文案创作，以及拍摄内容的创意等。

淘宝视频的特点是时长短、信息量大、内容精炼，所以在创作出文案以后，一定要准备好拍摄脚本。因为视频的拍摄并不完全靠现场的创作，拍摄现场越是井井有条的剧组，工作效率也就越高，拍摄脚本就是让现场有条不紊地进行拍摄的基石。一份好的拍摄脚本可以降低现场执行时的错误概率，提高现场的工作效率，而且最重要的一点是可以避免漏掉镜头导致需要再花时间去补拍的情况发生。例如，某文具广告拍摄脚本如表 8-1 所示。

表 8-1　某文具广告拍摄脚本

场号	镜头号	景别	手法	内容	字幕	备注
1	1	远景	摇	女孩儿从远处走过来		
1	2	特写	定	女孩儿闻花香	你青春、恬美	
1	3	近景	定	女孩儿低头看书，然后拿起书羞涩地笑		
2	4	特写	定	铅笔在纸上写字		
1	5	近景	定	女孩儿闻树上的花	笔端下奔腾着你的想象	
1	6	近景	定	女孩儿抬头看阳光		

续表

场号	镜头号	景别	手法	内容	字幕	备注
3	7	近景	移	女孩儿坐在咖啡馆内看书	你烂漫、娴静	
3	8	特写	定	铅笔在纸上写字		有前景
3	9	特写	定	女孩儿咬笔		
3	10	近景	摇	铅笔在纸上写字	文字里跳跃着你的睿智	
3	11	近景	定	女孩儿微笑		
3	12	近景	定	铅笔在纸上写字	你用笔尖书写青春	
3	13	近景	定	女孩儿抬眼看向窗外	而我……	
3	14	近景	定	书本合上，铅笔和书放在桌面上	用生命为你留存	

在这份拍摄脚本中一共涉及 3 个场景、14 个镜头，内容方面包括场号、镜头号、景别、手法、内容、字幕、备注等多个事项。

①场号。场号是表示该镜头所处场景的编号，在本例中一共将场景分成 3 个：公园、教室和咖啡馆。为了压缩时间成本，一般把同一场景内的内容拍摄完成后再到下一个场景进行拍摄，所以编好场号对于拍摄统筹来说非常重要，有助于该场景下拍摄镜头的编排和完整性。

②镜头号。镜头号是在现场使用最频繁的一项数据，一个镜头代表了广告中的一个画面，现场如果用每个镜头的内容来标记镜头会非常麻烦，所以这个编号能够很好地代表镜头。对于需要场记的广告来说，镜头号是后期唯一识别每个镜头的标识。

③景别。主要包括远景、中景、近景、特写、大特写等，是画面与被摄主体间关系的表现，也是观众与被摄主体之间距离的表现，不同的景别表示了不同的镜头语言和不同气氛。在拍摄脚本中出现的是为了体现创作团队在画面创作时的想法，也为了导演和摄像之间的顺利沟通。

④手法。主要是指推、拉、摇、移、定等不同类型的拍摄手法，每种手法都有自己的表述语言，就好像文学中的比喻、排比这些修辞手法一样，有对镜头内容进行修饰的效果，在设计每一个镜头时都要考虑到镜头所需要表达的镜头语言及镜头的含义，以此来选择合适的拍摄手法。

⑤内容。顾名思义就是该镜头所要表现的具体画面，可长可短，不过建议在广告拍摄中尽量不要将每个镜头设计得过长，除非使用一镜到底这种手法，否则很容易让观众产生疲劳感。所以在设计时需要考虑到广告的整体风格，考虑广告是快节奏还是慢节奏来选择每个镜头的时长和内容。

⑥旁白（字幕）。这一部分内容可以是声音的旁白也可以是字幕，通常是对画面进行补充说明或是为镜头增光添色，设计时注意旁白切不可画蛇添足，让这些成为画面的负担。

⑦备注。这一部分主要是对每个镜头需要注意的事项进行说明，或者对每个镜头中添加的内容另作备注等。

（3）前期准备。策划和创意经过卖家许可后，要对整个视频的所有拍摄场景、道具、人物及设备进行规划，并以此制订拍摄计划表。视频拍摄前准备工作流程表如表 8-2 所示。

表 8-2 视频拍摄前准备工作流程表

拍摄前准备工作流程				
涉及内容	具体任务	负责人	时间节点	完成情况
产品拍摄	（1）与负责人商讨确立本次产品的拍摄风格			
	（2）拍摄试光、拍摄准备及模特造型准备工作			
产品信息采集	（1）完成产品的基础信息采集工作			
	（2）产品货号记录及款式分类			
	（3）产品测量			
产品拍摄准备	（1）整理需要拍摄的产品及记录下产品货号，方便信息表格的建立			
	（2）完成整理、归类、挂烫等产品拍摄前的相关工作			
	（3）协助产品摄影做款式配设时间安排			
产品搭配	（1）产品搭配			
	（2）产品搭配记录表制作			
最终显示工作成果： （1）产品目录表；（2）产品尺寸表；（3）所拍产品记录表；（4）产品搭配记录表				

（4）拍摄。在前期准备工作完成后，严格按照拍摄工作流程表执行拍摄任务。当然，拍摄途中可能会为特殊条件的些许变动进行相应的调整。拍摄内容也照分镜进行，如果在拍摄期间有比较好的创意，可以在完成分镜拍摄内容以后补拍，然后将补拍内容和创意记录在场记本中。

（5）剪辑及渲染。拍摄完成后，将所有素材导入计算机，并按照场记本的内容进行剪辑。

如图 8-26 所示为会声会影 X8 工作界面。在实际的视频剪辑过程中，主要用到的有“视频显示区”“素材区”“多媒体素材编辑区”三个区域。其中，视频显示区可以查看要编辑多媒体素材的时间和画面，方便编辑者剪取所需要的视频片段或音频片段；素材区就是为此次视频剪辑所准备的素材，剪辑者将素材资料准备好之后，导入到素材区，可以方便随时取用；多媒体素材编辑区，就是对所有的多媒体素材进行编辑、剪切、合成操作，是视频后期处理的主要操作区域。

在导入多媒体素材之前，需要先添加一个工作组，并给这个工作组命名。这样做可以对要开展的工作进行很好的分类，避免在遇到多个视频需要剪辑的时候发生混乱，如图 8-27 所示。

图 8-26 会声会影 X8 主要功能区介绍

图 8-27　建立淘宝主图视频工作区文件

下面我们仅用图片素材的方式，来制作一个 9 秒的主图视频，让大家了解会声会影 X8 的基本工作方式和视频制作的基本步骤。

步骤 1：导入多媒体素材。如图 8-28 所示，单击文件夹按钮，打开事先准备好的图片素材包，将准备好的图片素材导入素材区。

图 8-28　导入多媒体素材

步骤 2：将素材导入多媒体素材编辑区。如图 8-29 所示，选中要编辑的素材资源，然后直接拖入会声会影 X8 视频显示区。

图 8-29　将素材拖入视频编辑轨

步骤 3：编辑视频素材。如图 8-30 所示，在素材的上方有一条时间轴，在这里，我们可以根据每个素材在时间轴上的长度，清楚地了解到每个图片素材在最后的视频中所显示的时间长度，同时还可以查看素材整体的时间。因为淘宝主图视频的时长限制为 9 秒，这里我们将整个视频的时长确定为 9 秒，从而来合理分配整个视频中各个素材所占的时间长短。

单击多媒体素材编辑区域的某一图片，会在图片的两端出现一个黄色的时长编辑框。单击鼠标左键，并按住左右拖动，就可以对该图片在视频中所占的时长进行编辑，如图 8-31 所示。

重复上一步操作，编辑所有的素材，使得其总时长等于 9 秒，如图 8-32 所示。

步骤 4：保存。单击会声会影 X8 最上面的“共享”按钮，选择“自定义”，选择格式为“Microsoft AVI 文件（*.avi）”格式，如图 8-33 所示。

图 8-30　会声会影 X8 视频时长轴

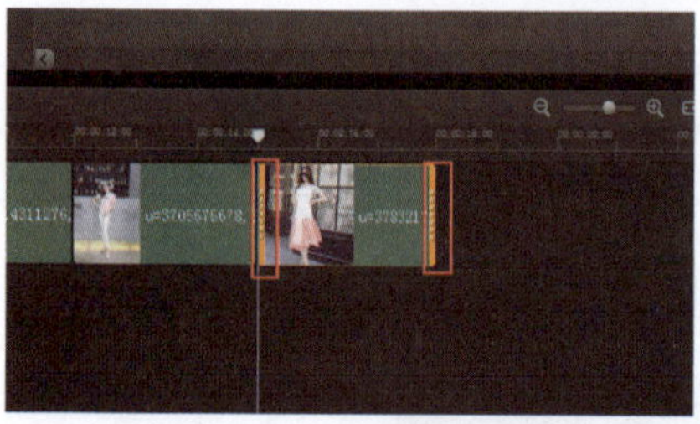

图 8-31　素材时长编辑框

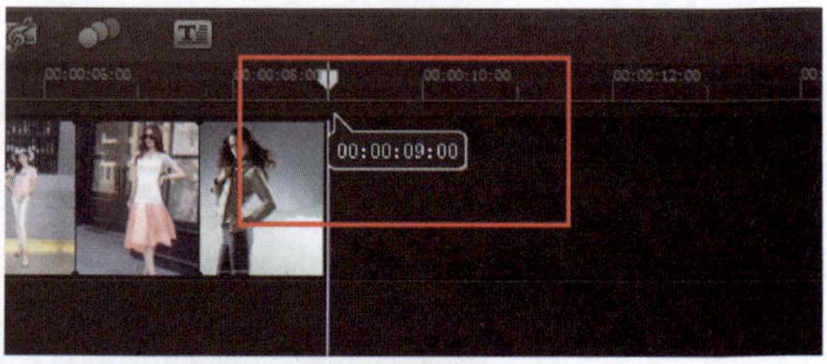

图 8-32　9 秒主图视频编辑结果

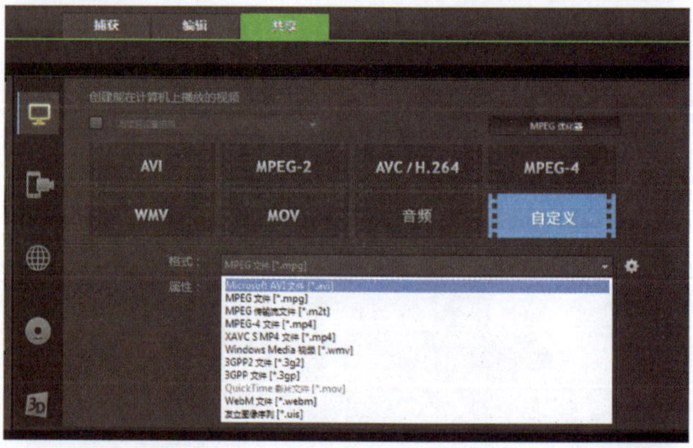

图 8-33　自定义格式

然后，单击“格式”最右面的选项按钮，如图 8-34 所示。在打开的对话框中将“帧大小”选择为“自定义”，然后设置宽度和高度为“800 × 800”，然后单击“确定”按钮。

单击“保存”按钮，选择文件的输出路径，并给文件命名，然后单击“确定”按钮，对视频进行渲染，出现如图 8-35 所示提示框，显示渲染成功，则一个简单的 9 秒主图视频就制作完成了。

在熟悉了会声会影 X8 的基本功能和操作步骤后，下面我们将多种媒体类型制作在同一个视频中。

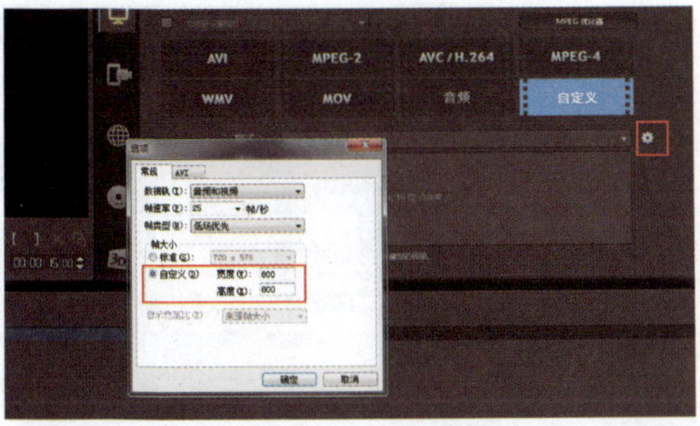

图 8-34　设置素材高度和大小

图 8-35　渲染完成

首先，还是将预先准备好的素材资源导入会声会影的素材区，然后选中需要编辑的素材，直接拖入多媒体素材编辑区。

在会声会影 X8 视频显示区下方，有一个视频的播放进度条，可显示视频播放的进度。同时在进度条的右侧，有一个“【 】”形状的图形，这个图形的功能是标记截取视频。当拍摄的视频较长，而编辑人员只想要视频中的某一个片段时，就可以用此功能。在使用的过程中，首先单击视频开始播放，然后播放到编辑者想要的内容段后，单击“【 ”做起点标记，单击“ 】”做终点截取，这样就可以把这一段视频从整个大的素材资源中截取出来，和其他的视频镜头进行拼接，如图 8-36 所示。

音频编辑的方法和视频编辑的方法一样。首先，将给视频做的配音导入声音编辑区。编辑人员可以直接截取整段声音素材的某一片段，如图 8-37 所示，也可以从不同的素材中截取某一小段，然后自主进行拼接，从而达到自己所想要的效果。单击素材并按住鼠标，就可以将声音素材在对应的声音处理轨上进行拖动，从而调整音频播放的时间起点。

图 8-36　截取功能介绍

图 8-37　导入音频文件

有时，在视频中，我们可能还需要做一些文字的衔接和解释说明。单击会声会影中“T”字按钮，可进行文字编辑。会声会影自带了很多文字动画效果，可以插入视频界面，编辑人员可根据内容和镜头需要，编辑文字出现的时间起点和文字结束的时间。

如图 8-38 所示，在选框内，我们可以对视频内的文字进行字体的大小、字体的类型及字体位置等进行编辑。编辑人员可以根据自己的视频内容，编辑事先撰写的文案内容。同时，也可以用鼠标直接拖动视频显示区上面的文字位置，使文字出现在指定的位置。

单击“播放”按钮，可以预览效果，同时查看音频、文字、画面的衔接是否有差错，是否达到了预先的效果。如果没有问题，就可以对文件进行保存和渲染了。

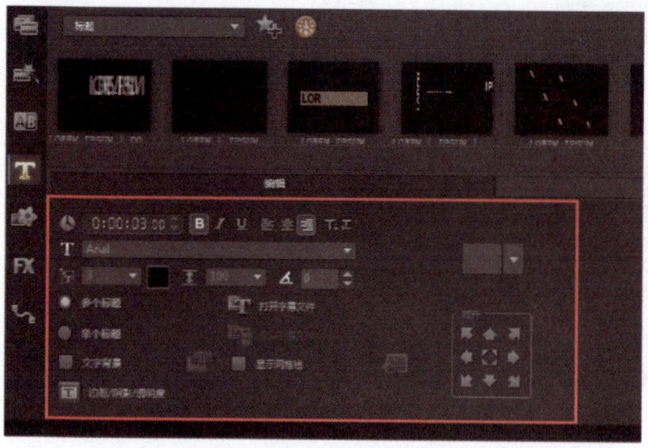

图 8-38　添加视频文字

图 8-39　效果预览

（二）淘宝视频的上传

在视频成品渲染完成后，就需要将视频上传到网上。这里建议上传到“淘宝视频”中，因为在这里上传是完全免费的，而且在视频播放时没有广告，这点非常重要。淘宝视频的地址为：UGC.taobao.com，登录后就可以上传了，如图 8-40 所示。

图 8-40　淘宝视频上传

单击“上传视频”按钮，按照上传视频规定的要求填写视频的基本信息，如图 8-41 所示，并将视频在“视频分组”中设置好分组，方便后期调用。

图 8-41　填写视频基本信息

等视频全部上传完成，如图 8-42 所示，单击“保存并发布”按钮，就提交到淘宝进行审核。审核需要等待一到两天，通过后，即可在“我的视频”里查看通过审核的视频。

图 8-42 视频上传完成

任务三 全景主图制作

2016 年 7 月，手机淘宝在商品主图展示区新增了主图全景展示功能。当消费者使用 WiFi/4G 网络访问最新版本的淘宝手机客户端查看商品详情页面时，只需要转动手机，就可以 360 度全方位查看商品。

商品全景图的推出，让商家在商品展示上面有了更多的创新和诠释，也给消费者带来了不一样的商品视觉体验。如图 8-43、图 8-44 所示，为淘宝官方和安踏联合在 2016 年“双 11”期间推出的全景主图视频。消费者在用手机客户端浏览商品详情页时，只需向左或向右旋转手机，产品主图就会随着消费者的动作进行 360 度旋转。

有别于普通意义上的创新，全景图的出现，再次降低了商家的制作成本及准入门槛，同时兼顾了专业设备及手机拍摄的可行性，赋予了商家更丰富的创作空间。在吸引了消费者注意力的同时，也大大地提高了商品的转化率。

图 8-43 安踏运动鞋全景主图

图 8-44 安踏运动鞋全景主图

为了满足大部分商户的需求，淘宝在手机端千牛 App 上提供了全景图的拍摄制作。用户只需要登录千牛手机客户端，打开其中的神笔功能，就可以开始全景图的制作。

先单击“拍摄 / 本地”按钮，进入视频列表页面，可以直接调取本地视频（50MB 以内的才会在列表中显示），或直接调取摄像头拍摄，如图 8-45 所示。

如要用手机对商品进行拍摄，则时长必须要限制在 10 秒以内。而且为了最终成像效果的品质，在拍摄时，需要注意取景的范围大小和拍摄时镜头的平稳性。

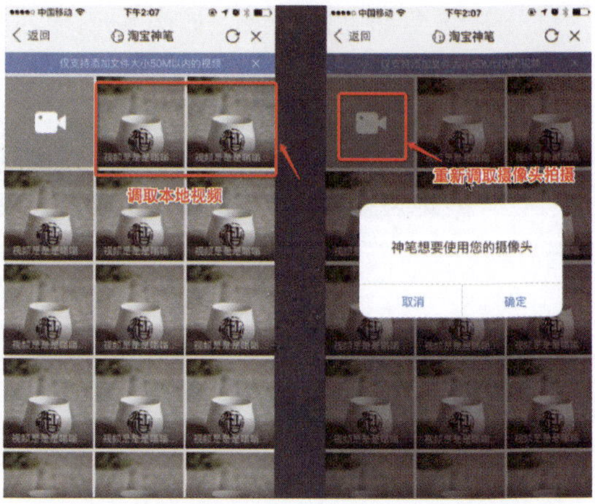

图 8-45　淘宝神笔导入全景主图视频

拍摄完成后，可以对视频的尺寸大小进行裁剪，从而确保成效效果。如果选取的是本地已存视频，则可直接进行裁剪，如图 8-46 所示。

裁剪结束后，对视频进行预览，如图 8-47 所示，如果对拍摄结果满意，就可以编辑视频名称和上传了。上传完成后，可以选择继续拍摄全景图，或直接前往关联商品，如图 8-48 所示。

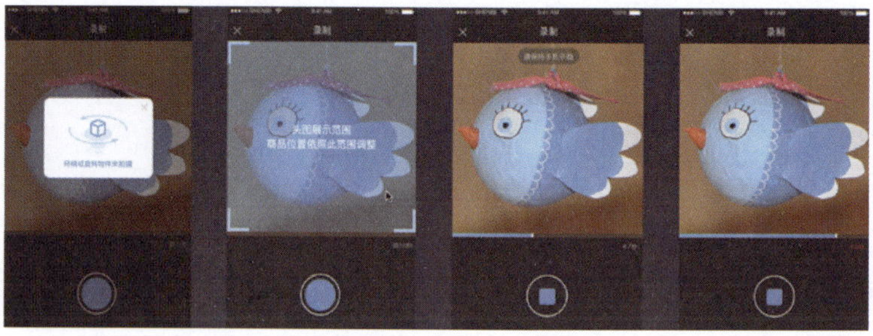
图 8-46　视频图像裁剪

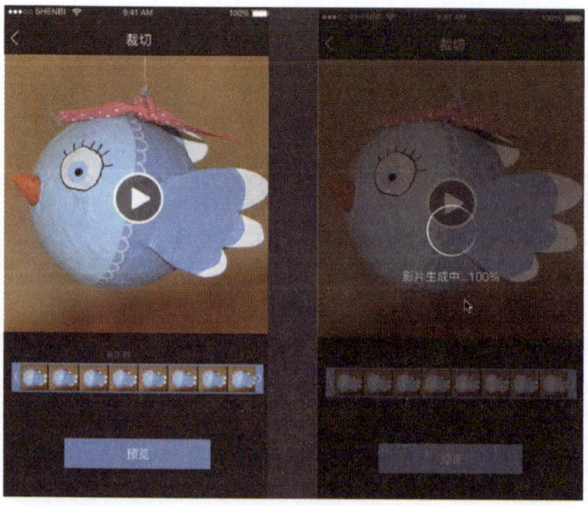

图 8-47　效果预览

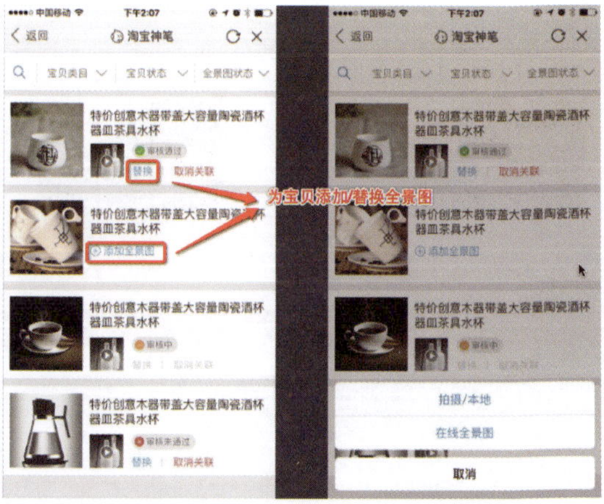

图 8-48　添加或替换全景主图

关联完成后，如审核通过，就可以在商品详情页面查看效果了。

除了用手机千牛客户端外，用户也可以在 PC 端上完成发布。进入神笔后台，选择操作中心的“全景图管理”，如图 8-49 所示。

然后，根据状态类目选择需要操作的商品，单击“添加关联全景图”或“替换”对商品进行全景图管理，如图 8-50 所示。然后添加拍摄好的全景视频，等待审核通过后，就可以在手机客户端查看全景效果图了。

当然，也有不少用户想要拍摄品质非常优良的商品主图，这种拍摄就需要视频制作软件和拍摄硬件完美的配合。在全景主图的拍摄过程中，将商品放置在拍摄转盘上，通过控制商品的旋转速率，配合不同角度下的灯光效果，从而 360 度完美地展现出产品的细节。

图 8-49 PC 端神笔操作中心

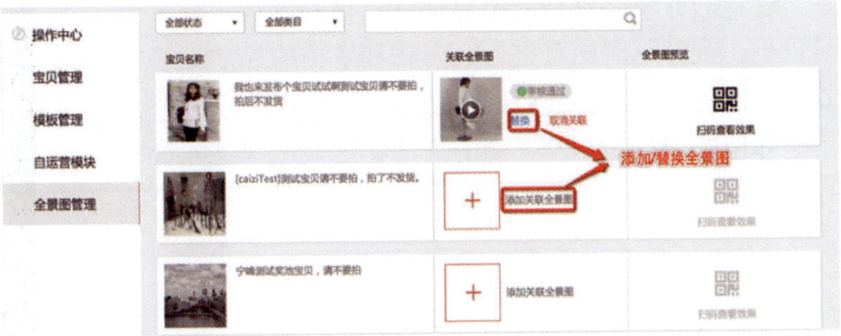

图 8-50 PC 端添加或替换全景图

不过，就目前来说全景视频出现的时间较短，市场上拍摄全景主图的服务团队也较少，而且在 2016 年“双 11”内测结束后，全景主图功能也被暂停下架，并进行了服务升级。相信等到全景主图正式上线，一定会给消费者带来一场前所未有的“脑洞式”服务体验。

[知识总结]

景别就是指由于摄影机与被摄体的距离不同，而造成被摄物体在摄影机记录器中所呈现出的范围大小的区别。当被摄物体在画面中只占很小的一部分时，观众会更多地注意到整个画面中的环境及主体的状态，而当画面中出现的是被摄物体的某个局部时，观众会去注意物体的细节或是情感，这就是景别给观众带来的感官上的不同。在淘宝视频拍摄脚本的创作过程中，创作人员需要事先对景别有基本的规划，比如哪些镜头需要拍整体，哪些镜头需要拍局部，这样摄影人员和灯光布景人员就可以根据脚本事先制定的景别类型，选择用什么样的镜头和灯光布局等。通常淘宝视频常用的景别有 5 种，分别为：全景、中景、近景、特写和大特写。

1. 全景

全景镜头相当于一个观众到正统舞台的距离，用来表现场景的全貌或者是演员的整体形象，包括体型、衣着、人物形态、环境、道具等，是一场戏最初的场景建立镜头。如图 8-51 所示为某女装羽绒服全景图示例，镜头表现了羽绒服和周边环境的关系，以及模特体态等元素。

图 8-51　全景图示例

2. 中景

中景主要是将画面控制在人物的膝盖以上或者是场景的局部，是叙事功能最强的一种景别。中景的特点决定了它可以更好地表现人物的身份、动作及动作的目的。如图 8-52 所示为中景图示例。

图 8-52　中景图示例

3. 近景

近景的屏幕形象是近距离观察人物的体现，画面视觉范围较小，观察距离相对更近，人物和景物的尺寸足够大，细节比较清晰，所以非常有利于表现人物的面部表情神态或者其他部位的细微动作及景物的局部状态，这些是大景别画面所不具备的功能。如图 8-53 所示为近景图示例。

4. 特写

特写是画框局限于人物的肩部以上或是物体局部的景别。特写的景别比近景让物体更加靠近观众，有利于体现产品细节优势等。如图 8-54、图 8-55 所示为特写示例。

图 8-53　近景图示例

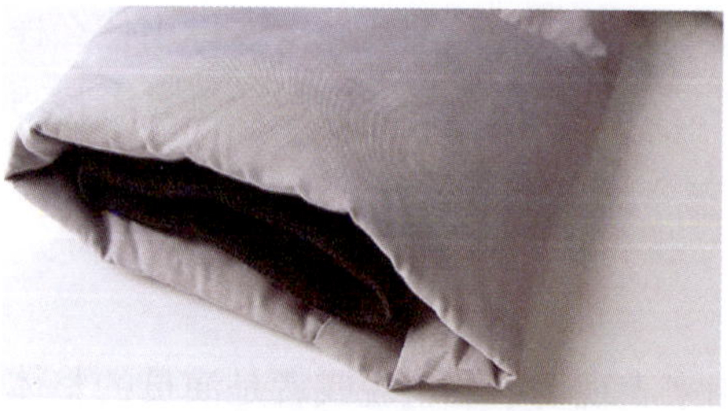

图 8-54　特写图示例一

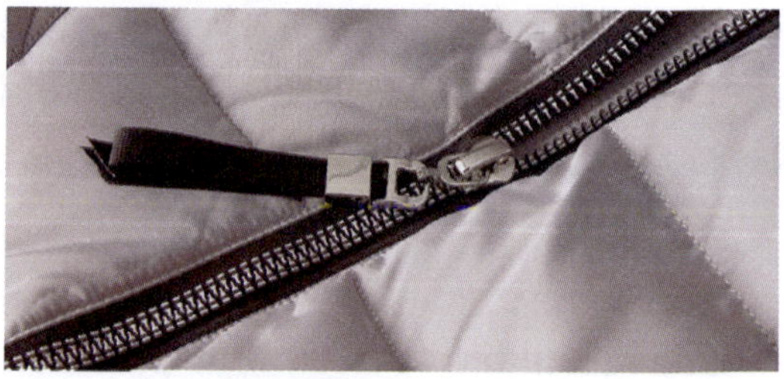

图 8-55　特写图示例二

由于特写镜头会让被摄人物或者物体有放大效果，会夸大人物或物体的重要性，会暗示其有象征的意义，能让观众不得不把视觉集中，近距离仔细观察，有利于细致地对景物进行表现，也更易于被观众重视和接受。

5. 大特写

大特写一般会把镜头推到极小的一个部位。如图 8-56 所示为大特写图示例，内容为该羽绒服所使用的鹅毛特写。这种大特写镜头一般运用得比较少，但所表现的效果经常能够让产品的细节表现得更加充分。

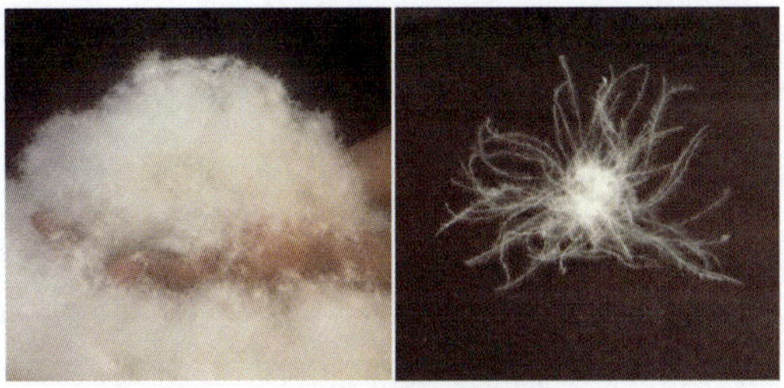

图 8-56　大特写图示例

【同步实训】

一、实训概述

本项目实训为商品视频的剪辑制作，学生通过本项目的学习，能够掌握视频剪辑制作的具体方法与技巧，并能够根据店铺风格，制作出符合要求的视频。

二、实训素材

（1）装有会声会影软件的计算机。

（2）拍摄视频所用到的摄影器材等。

三、实训内容

任务　视频剪辑制作

步骤 1：学生将需要剪辑的视频和其他多媒体资料导入计算机。

步骤 2：学生利用会声会影 X8 软件对视频等多媒体素材进行剪辑制作。

步骤 3：预览效果，并在淘宝视频里完成上传。

四、考核评价

表 8-3　考核评价表

<table>
<tr><td>项目名称</td><td colspan="5">视频剪辑制作</td></tr>
<tr><td>任务完成方式</td><td colspan="5">小组协作完成
个人独立完成</td></tr>
<tr><td>评价项</td><td colspan="4">评价点</td><td>总分值</td></tr>
<tr><td>视频剪辑制作</td><td colspan="4">（1）是否了解视频拍摄的主要硬件（10 分）
（2）是否熟悉视频剪辑软件的主要功能（10 分）
（3）是否了解淘宝视频的类型和特点（15 分）
（4）是否了解视频拍摄的基本流程（15 分）
（5）是否能够完成 9 秒主图、首页视频和产品详情页视频的拍摄任务（20 分）
（6）是否能够根据实际需要，剪辑制作出符合要求的视频（15 分）
（7）是否了解全景主图的制作方法（15 分）</td><td>100 分</td></tr>
<tr><td colspan="6">本主题学习单元成绩：</td></tr>
<tr><td>自我评价（20%）</td><td></td><td>小组评价（20%）</td><td></td><td>教师评价（60%）</td><td></td></tr>
<tr><td colspan="6">存在的主要问题</td></tr>
</table>

【巩固与提高】

一、单选题

1. 下列哪一项不是淘宝视频的类型（　　）。

A. 主图视频　　B. 首页视频

C. 小视频　　D. 详情页视频

2. 对淘宝视频最准确的定义为（　　）。

A. 就是几张图片的连续播放

B. 是由主图视频、首页视频、详情页视频构成的视频

C. 是一个有故事情节的视频

D. 是一个完整的淘宝级广告

3. 淘宝主图视频要求的时长为（　　）。

A. 6 秒　　B. 8 秒　　C. 9 秒　　D. 1 分钟

4. 用会声会影保存制作好的视频时，通常要将其保存为（　　）。

A. avi 格式　　B. mvp 格式

C. wmv 格式　　D. mp4 格式

5. 用会声会影将视频剪辑制作完成后，需要将视频的长宽设置保存为（　　）。

A. 400 像素 ×400 像素　　B. 720 像素 ×720 像素

C. 800 像素 ×800 像素　　D. 725 像素 ×425 像素

二、简答题

（1）视频拍摄前需要进行哪些准备？

（2）淘宝视频拍摄制作的基本流程是什么？

三、讨论题

（1）视频拍摄过程中需要注意什么？

（2）视频拍摄和图片拍摄有哪些区别？

四、实操题

教师提供一组拍摄的视频，要求学生对视频进行剪辑制作和后期处理，制作完成后，小组成员互相进行评分。

参考文献

1. 参考书

[1] 淘宝大学 . 网店推广 [M]. 北京 ：电子工业出版社，2011.

[2] 淘宝大学 . 网店美工实操 [M]. 北京 ：电子工业出版社，2013.

2. 参考网站

http://www.cshixi.com/（C 实习官网学习营销推广）

http://www.tbxt.com/（淘宝学堂）

反侵权盗版声明

举报电话：（010）88254396；（010）88258888

传　　真：（010）88254397

E-mail:　　dbqq@phei.com.cn

通信地址：北京市海淀区万寿路 173 信箱

　　　　　电子工业出版社总编办公室

邮　　编：100036